JN145025

君を成功に導く49の言葉

5年後リーダーになる人 5年後も部下のままの人

49 words to guide you to success

元スターバックスコーヒージャパンCEO
岩田松雄
Matsuo Iwata

大和書房

はじめに　自分の人生をぶれずに歩む

行蔵《こうぞう》は我に存《そん》す。
毀誉《きよ》は人の主張、我に与《あずか》らず我に関せずと存じ候《そうろう》。
各人へ御示し御座候とも毛頭異存これなく候。
（我がおこないは、自らの信念によるものである。
けなしたり、ほめたりするのは人の勝手である。私は関与しない。
どなたにお示しいただいてもまったく異存はない）

勝海舟《かつかいしゅう》／幕臣
（『瘠我慢《やせがまん》の説』より）
＊福沢諭吉《ふくざわゆきち》の批判に答えて

日々の生活の中で、誰しもイヤなことに出くわすことがある。誤解をされたり、謂《いわ》れのない中傷《ちゅうしょう》をされたりすることもある。そういったときは、早く忘れてしまうのに限るのだが、なかなかそういうわけにもいかない。

頭の中で何度もそのことが繰り返されて、前向きな気持ちになれず、落ち込んでしまう。私は精神的にまいって、夜眠れないときは、ベッドの中で小学生のとき先生に褒《ほ》められたことや、野球部で活躍したこと、仕事がうまくいったときのことなどを順番に思い出していくことにしている。

自分の今までの人生を振り返り、自分で自分を褒めてあげると、心がとても落ちつく。「自尊心を取り戻す」ということかもしれない。自分は決してつまらない人間ではないし、今まで楽しいこともいっぱいあったと思えると、何かまた元気が出てくる。

私は若いころから、気に入った言葉を素敵なノートに万年筆で書き写している。精神的に疲れたときに、そのノートをパラパラ見返して、書かれた言葉から勇気をもらっている。

不思議なことに、そのときの心の状態にぴったり合う言葉が必ず見つかる。前に読んだときよりも、その言葉の深い意味が心に突き刺さり、元気を与えてくれることもある。それは本当に、言葉の持っている強い力だと思う。
勝海舟の弟子・坂本龍馬《さかもとりょうま》もこんな歌を残している。

「世の人は 我を何とも 言わば言え 我が成す事は 我のみぞ知る」

坂本龍馬／維新志士

自分の人生は自分が責任を持つ。

私も若いころ、自分の生き方に対して「このままでいいのか？」「こんな人生でいいのか？」と、よく悩んでいた。
しかし、このゲーテの言葉に、何度救われたかわからない。

「人間は努力する限り迷うものだ」

ヨハン・ヴォルフガング・フォン・ゲーテ／ドイツの文豪

そう、今悩んでいる自分は、頑張って努力しているのだ。だから迷っているのだと自分を慰《なぐさ》めることができた。人は、迷っている自分に迷わされていることがある。迷っている自分に悩まなくていいのだ。

自分の人生、誰も責任を取ってくれない。人の顔色を見る人生は寂《さび》しい。

自分の人生、自分で始末をつけるしかない。そう思えることが大事なのだ。

「いったい、どこを歩いているんだ。そこは他人の道じゃないか。だから、なんだか歩きにくいだろう。あなたはあなたの道を歩いていきなさい。そうすれば遠くまで行ける」

ヘルマン・ヘッセ／ドイツの文豪

本書では、五年後にリーダーになれる人と五年後も部下のままの人の思考や行動を対比させ、四九のテーマに沿って書いた。

私自身、日産自動車を振出しに、日本コカ・コーラ、スターバックスなど、七社で様々な経験を積むことができた。途中、何度も苦しく辛《つら》い挫折《ざせつ》の経験を味わった。夜遅く弱った心を慰めてくれたのは、先人たちが残してくれた多くの言葉だった。

この本は、名言や格言を厳選し、少しでもリーダーを目指す人のお役に立ちたいという強い思いを込めて書き綴《つづ》った。本の中から一つでも皆さんの心を救ったり、元気にしたりする言葉が見つかれば、とても嬉しく思う。

なお、この本の執筆にあたっては、大和書房編集部の丑久保和哉さんには本当にお世話になりました。この場をお借りしてお礼を申し上げます。ありがとうございました。

岩田松雄

CONTENTS

はじめに　自分の人生をぶれずに歩む …… 1

Chapter 1 WORK
5年後のリーダーを目指すための仕事法

1 雑事こそ期待以上の成果を上げる …… 12
2 目の前の仕事に一所懸命に打ち込む …… 16
3 プロフェッショナルとは結果を出す人 …… 22
4 「言い訳」をしない …… 26
5 大切なことは必ず記録して確認する …… 32
6 仕事のプロは完璧主義者 …… 38
7 具体的なファクトから仮説を立てる …… 44

8 仕事が楽しくなるようにデザインする……50
9 一つのことに集中してほかの一切を断《た》つ……56
10 初心を忘れず探求することをやめない……62

Chapter 2 MISSION

5年後のリーダーはどう仕事と向き合うべきか

11 一歩ずつ着実に成長していく……68
12 失敗を恐れずチャレンジし続ける……74
13 成功に満足せず、成功体験で自信を深める……80
14 世のため、人のためになる夢を持つ……86
15 自分のミッションを自覚し、進化させる……92
16 志を抱いてより高みを目指す……98
17 目的と手段を間違えない……104
18 「仕事」を「志事」のレベルに引き上げる……110

19 やるべきことに集中する……116
20 今できることに最善を尽くす……122

Chapter 3 COMMUNICATION
5年後のリーダーが実践したいコミュニケーション

21 リーダーは「話す」より「聞く」こと……128
22 相手に合わせた「わかる話し方」をする……134
23 伝えるときは相手の目を見て……140
24 言霊《ことだま》の影響力を知る……146
25 上司をマーケティングする……152
26 忠告してくれる人を大切にする……158
27 尊敬できるライバルを持つ……164
28 孤独は人を練り上げる……170
29 できるだけいつも「自然体」で接する……176

30 相手に対して心からの敬意を持つ……182

Chapter 4 MONEY&TIME

5年後のリーダーが心がけるお金と時間の使い方

31 貯金は手段。まずは年収分を貯めよう……188
32 「死に金」となる使い方をしない……194
33 労働で評価されるべきは時間の長さより成果……200
34 やれることはすぐやる……206
35 空き時間をムダにするか活用するか……212
36 朝型の規則正しい生活をする……218
37 仕事のできる人は息抜きもうまい……224
38 読書にはお金と時間を費やす……230
39 単に本を読めばいいというわけではない……236
40 やるべきことを習慣化する……242

Chapter 5 PERSONALITY
5年後のリーダーが備えておきたい人格・品格

41 「才」と「徳」をバランスよく高める……248
42 礼儀作法の大切さをわきまえる……254
43 強運を自ら呼び込む……260
44 経営者と平社員の一番の違いは行動力……266
45 リーダーシップを行動で示す……272
46 相手が年下でも謙虚さを忘れない……278
47 自分の弱みを自覚し、周りにもさらけ出せる……284
48 人としての生き方を修養する……290
49 責任や使命から逃げない……296

主要参考文献……301

Chapter 1

WORK

5年後のリーダーを目指すための仕事法

1

雑事こそ期待以上の成果を上げる

たとえ自分は、
「今よりもっと大きなことをする人間だ」と思っていても、
その大きなことは微々たるものを集積したもの。
どんな場合も、些細なことを軽蔑《けいべつ》することなく、
勤勉に、忠実に、誠意をこめて
完全にやり遂《と》げようとすべきなのだ。

渋沢栄一《しぶさわえいいち》／実業家

5年後も部下の人

目の前の仕事がすべて雑事に思えて、一所懸命《いっしょけんめい》に仕事に取り組めない。物事を甘く考え、小さなことをおろそかにする。

5年後のリーダー

たとえ小さなことでもないがしろにせず、きちんと結果を残し、期待された以上の成果を上げる。そこで得た経験をマニュアルに残したり、人に教えたり、何かを学んで人間成長しようとする。

目の前の辛い経験が、将来に必ず役立つ

私自身人生を振り返ってみると、目の前のことを一所懸命に頑張っていると、それが後々、思わぬところで役に立ってきたことを実感する。

そのときはどんなに辛くても、目の前のことを一所懸命に頑張っていると、まるで何か大きな力に導かれ、予定されていたかのように、次々と目の前の門が開いて、新しいチャンスがやってくる。**一所懸命に頑張っている限りにおいて、人生にはムダな経験は何一つない**と断言できる。

アップルの共同創業者スティーブ・ジョブズが、スタンフォード大学卒業式のスピーチで言っているように、まさしく「コネクティング・ドッツ（点と点が結ばれていく）」を実感する。**そのときどきは偶然の選択であっても、あとで考えると必然であったかのように、出来事と出来事がつながっていく。**

「将来を見据えて点と点をつなぐことはできない。できるのは、あとからつなぐだけ。だから、いつか点がつながることを信じなければならない」

スティーブ・ジョブズ

だから、たとえ雑事だとしても、誠心誠意打ち込めば、必ず誰かに認められて、もっと大きな仕事を任されたり、より大きなチャンスが巡《めぐ》ってくる。

「下足番を命じられたら、日本一の下足番になってみろ。そうすれば、誰も君を下足番にしておかない」

小《こ》林《ばやし》一三《いちぞう》／実業家

2

目の前の仕事に一所懸命に打ち込む

目の前の仕事に専念せよ。太陽光も一点に集めなければ発火しない。

アレクサンダー・グラハム・ベル／アメリカの発明家

5年後も部下の人

目の前の仕事に「つまらない」と不満だらけ。
自分の仕事に対し、誇りを持っていない。
言われたことだけをして、サボることばかり考えている。

5年後のリーダー

自分の仕事に誇りを持ち、つねに全力投球する。
色々な工夫をして褒《ほ》められるので、
仕事がますます面白くなり、さらに一所懸命に打ち込む。
仕事の背景や意義なども考えて取り組むから、
期待以上の結果を残す。
そのため、より大きく重要な仕事を任されるようになる。

結局、できる人は何をやってもできる

新卒で入った日産自動車の三年目、一九ヵ月のあいだ、大阪の販売店で車のセールスをすることになった。

最初は「自分はメーカーに入社したはずなのに、どうしてセールスマンなどしないといけないのか」と落ち込んだ。

また「同期は本社でスマートな仕事をしているのに……」と、焦《あせ》りにも似た気持ちも持った。

それでも、絶対に社長賞を取って自分の存在価値を見せたいと思い、最初の三ヵ月間新婚にもかかわらず、一日も休みを取らず毎日毎日、ひたすら飛び込み訪問を繰り返した。

セールスマンの本を二〇冊以上読み、自分なりに色々なセールストークを工夫しなが

ら地道に頑張った。

結果、前任者の九倍の台数を売り、粗利益もサニー大阪全体のセールスマンの中で二位となった。歴代出向者の販売記録を塗《ぬ》り替えて、社長賞をもらうことができた。

同じ時期、出向になった同期を見渡すと、「あいつはなかなかできる」と感じていた友人たちも、同じようにみんな社長賞を取っていた。

一方、会社や先輩からの評価は高いのだが、私は「？」と思っていた人は、やはり社長賞は取っていなかった。

できる人は、何事でもきちんと実績を上げるものだということを実感した。

社長賞を取った人たちは、それぞれ売り方に人間性が出ていて、その人らしい売り方をしていた。

ある同期は、東大出のイケメンで、女子大生と仲よくなり、夜な夜なパーティーを開いて車を売り込んだと聞くし、ある地方出身の真面目な同期は、コツコツ飛び込み訪問をして、お客様の信頼を勝ち得て台数を売った。

人それぞれやり方は違っても、目の前のことで、きちんと結果を残す。小事ができなくて大事はできないのだ。

「目の前にあることに全力を尽くしていれば、チャンスのほうがあなたを見つけ出してくれる。それがつまり『評価を高める』ことであり、『ひとつのことが次につながる』ということだ」

アンドリュー・マシューズ／オーストラリアのイラストレーター

将来に対する大きな夢を持ち続けながら、目の前の小さなことに一所懸命に打ち込む。夢が達成できれば、また次の夢に対して、コツコツ努力をしていく。その繰り返しが人生だ。

周りからの「あいつに仕事を任せれば安心だ」という信用が、次のより大きな仕事をもたらしてくれる。私の場合も、セールスで社長賞を取ったことで、アメリカ留学もできたし、その後キャリアの扉が次々と開いていった。目の前の実績を積み重ねることで、周りからの「信用」の貯金残高が増えていくのだ。

「あいつは信頼できる」

「言ったことはやってくれる」

こういう信用は、目先のお金よりも、その人の一生の貴重な財産となっていく。

「仕事の報酬《ほうしゅう》は仕事」なのだ。

「径寸《けいすん》十枚これ国宝に非《あら》ず、一隅《いちぐう》を照らすこれ則《すなわ》ち国宝なり」

最澄《さいちょう》／僧（『山家学生式』より）

大きな変革を成し遂げた人も、最初はただ一人の小さな行動から始まり、燎原《りょうげん》の火のごとく広がっていって、人々を動かし、世の中を変えていった。

いきなり世の中全体を明るく照らすことを考えるよりは、まずは自分の持ち場である一隅を照らすことを考えよう。世の中全体を明るく照らすためには、太陽のように核融合を起こすほどの大きなエネルギーが必要だ。それは無理な話だ。

まずは、自分の足元を照らすローソクの火になろう。

一人ひとりが足元を照らせば、世の中全体が明るくなる。大きな志は持ちつつ、小さな目の前のことに全力投球する。その一隅を照らす気持ちが大切だ。

3

プロフェッショナルとは結果を出す人

「プロフェッショナルとは？」と
テレビの取材で聞かれて、
「結果を出せる人」だと私は言いました。
でも、結果を出すことは簡単ではない。
だから言葉を換えれば、
「結果が出るまであきらめない人」
と言ったほうがいいかもしれません。

徳岡邦夫《とくおかくにお》／料理家

5年後も部下の人

結果が悪くても、勝手な言い訳をして自己を正当化してしまう。
慰めで「頑張ったね」と言われたら、それで満足してしまい反省もしない。

5年後のリーダー

あくまでも結果にこだわる。
たとえ人から「頑張ったね」と褒められても満足しない。
どんなときにも、結果に責任を持つ厳しさがあるので、
言い訳を一切しない。

結果にこだわってこそプロの仕事

人生、成功するまであきらめず努力を続ければ、「失敗」というものはない。しかし絶対に成功できると自分を信じることができなければ、苦しい努力が続けられない。つまり成功するか否かは、どれだけ自分を信じ切ることができるかにかかっている。

プロ意識を持って、出た結果で自分の努力の過程をしっかり評価しなくてはならない。結果が出ないのは、何らかのやり方が間違っていたのか、努力がまだ足りなかったのかと、謙虚に反省する。

決して言い訳をしてはいけない。その瞬間に成長が止まってしまう。あくまでもプロフェッショナルとして、結果にこだわらなければならない。

ただし、リーダーとしては部下に対して、結果が悪くても、その過程がよければ褒めてあげればよい。そして、その悪い結果の責任を取る覚悟が、つねにリーダーには必要だ。
お金を払って、楽しいことをするのが趣味だとしたら、楽しいことをして、お金がもらえるようにするのがプロだ。だからこそ、コツコツ頑張れることを仕事にするのが一番だ。

「何かに挑戦したら確実に報《むく》われるのであれば、誰でも必ず挑戦するだろう。報われないかもしれないところで、同じ情熱、気力、モチベーションをもって継続してやるのは非常に大変なことであり、私は、それこそが才能だと思っている」

羽生善治《はぶよしはる》／将棋棋士

努力を続けられる才能こそが何よりの才能であり、それを人より多く持っている人がプロであり、天才なのだ。

4

「言い訳」をしない

結論から言え。

孫正義《そんまさよし》／経営者

5年後も部下の人

前置きが長い。
長々と言い訳して結論を言わないので、
聞く人をイライラさせる。

5年後のリーダー

まず結論から言う。
その上で、相手が理解しやすいように、
背景や過程をきちんと伝える。

ビジネスでは「二つの鉄則」を心がける

ビジネスの上では、メールなども含めて文書や口頭での報告は、まず結論から伝えないといけない。

前置きや言い訳ばかり書いていて、何が言いたいのかわからない文章は、読んでいてイライラしてしまう。**できるだけ簡潔に、結論から伝えるべきだ。皆とても忙しい。聞きたいのは結論。もし時間があれば、その理由をさらに尋《たず》ねる。**

読み手は、何をどのようにしてほしいのか、まず知りたいのだ。報告書の中には、悪いことをオブラートに包み、回りくどい言い方をして、結論がよくわからないものもある。

私も、社長を務めていたとき「明日の夕方、ちょっとお時間をいただきたいのですが」などというメールには、げんなりさせられていた。そのような曖昧《あいまい》なメールでは、翌日までどんな話なのか、ずっと気になって仕方がない。

よい話なのか悪い話なのか。人事の話なのか品質トラブルの話なのかなど、用件だけでも伝えてくれれば、場合によっては今日の予定を変更してでも、すぐに話を聞く必要があるかもしれない。トップはとくに、悪い話ほど早く聞きたいものだ。

「よい報告は翌朝でよいが、悪い報告は即刻我れを起こせ」

ナポレオン・ボナパルト／フランス皇帝

まずは結論を先に言う。これはビジネスでの鉄則だ。できていなければ、ビジネスパーソンとして失格と思われても仕方がない。

もちろん、部下に対しても同じように、結論から話したほうがいい。なぜなら、部下だって早く結論を知りたいからだ。そして、先に結論を言う訓練を部下に対して求め、自分も範《はん》を示すのだ。

報告ではもう一つ「事実と判断を分ける」ということも大切だ。

「今、何が起きているのか」ということと、「自分がどう思っているのか」ということは、まったく別の話。事実と判断を混同して報告してはならない。

「今、何が起きているのか？」と尋ねたときに「いや、大丈夫だと思います」という答えが返ってきたりする。聞きたいのは、部下がどう思っているのか、という意見や判断ではない。上司が聞きたいのは、現場で今、何が起こっているかという「事実」なのだ。

事実と判断が混ざってしまうと、本当に大切なことが伝わらない。実際に現場では、会社にとって、とても大きなリスクになるような出来事が起きているのに、現場の判断で、勝手に忖度《そんたく》して事実が伝えられなかったとしたら……。

このようなことは、実際に多くの組織で日常的に起こっている。リーダーは、事実と判断を冷静に聞き分け、最悪の事態をまぬがれる方法を考えるのだ。

一番よくないのは、長々と言い訳をする報告だ。私は、滅多に怒鳴り声を上げたことはないが、こういった報告を受けるとカミナリを落としたくなる。トップは一刻も早く事態を把握して、手を打ちたいのだ。

「我々の職務を遂行《すいこう》するには、大量の書類を読まねばならぬ。その書類のほとんどすべてが長すぎる。時間のムダだし、要点を見つけるのに手間がかかる。私の言うように書いた報告書は、一見、官庁用語を並べ立てた文書と比べて荒っぽいかもしれない。しかし、時間はうんと節約できるし、真の要点だけを簡《かん》潔《けつ》に述べる訓練は、考えを明確にするにも役立つ」

ウィンストン・チャーチル／イギリス首相

5

大切なことは必ず記録して確認する

記憶に頼るな、記録に残せ。
現役時代、私は対戦した
すべてのピッチャーの
配球やクセをメモしていた。

野村克也《のむらかつや》／元野球選手、監督

5年後も部下の人

重要な話を聞いても、メモを取らない。
そもそもメモを取らないから、
そういう話があったこと自体を忘れてしまっている。
だから同じミスを繰り返し、成長できない。

5年後のリーダー

大切なことは、すぐにメモを取って記憶と記録に残す。
口頭での決めごとも、
あとで相手にメールなどできちんと確認する。
成長ノートに自分の短所を書いて、つねに自戒《じかい》している。

リーダーへの第一歩はメモを取ることから

日本の資本主義の父である渋沢栄一は、メモ魔だったそうだ。渋沢は深谷《ふかや》(埼玉県深谷市)の豪農育ちであり、将軍・徳川慶喜《とくがわよしのぶ》の実弟、昭武《あきたけ》に随行《ずいこう》し、フランスなどの欧州視察に出かけた。

その当時、フランスではナポレオン3世が君臨《くんりん》し、パリ万国博覧会がおこなわれていた。渋沢は約二年間のヨーロッパ滞在中に、スエズ運河やパリの上下水道、鉄道、郵船、織物《おりもの》工場などを訪れ、ズボンのベルトに書いた目盛で計測し、あらゆるものの寸法を細かくメモした。

渋沢は、株式会社とは、「官ではなく民が、社債《しゃさい》を発行して資金を集め、大規模な公益事業をおこなう組織」であることを学んだ。さらにフランスで、役人と市民に上下関係のない社会を目にし、徳川時代から残っていた官尊民卑《かんそんみんぴ》の上下の区別に大いに疑問を感じた。
また、自主独立の精神の大切さを訴えた。

「人は全て自主独立すべきものである。自立の精神は人への思いやりと共に人生の根本を成すものである」

渋沢栄一

若いころは、渋沢のように、ひたすらメモを取る癖をつけることが大切だ。それは話し手への敬意を表すことにもなる。

何よりも、書くことで記憶を定着させることができる。本当に頭がよい人とは、記憶力がよい人ではなくて、必要なことを忘れないようにメモを取る謙虚な人だと思う。

記録といえば、自分の時間の使い方を記録することも大切だ。とても面倒なことだけれど、1週間でも記録すれば、自分は効率的に時間を使えているか、ムダな時間を過ごしていないかを知ることができる。

ほとんどの人が手帳を持ったり、パソコンでスケジュール管理している。ところが、それはあくまで予定を書き込んでいるだけだ。実際、どのようにして時間を使ったかは、意外に把握されていない。**だから、予定を書くだけではなく、今日、どんなふうに過ごしたのか、その日、何をして過ごしたかを書いてみる。**

これをやってみると、自分がどのような時間の使い方をしているか、いかに時間を浪費しているかがわかり、唖然《あぜん》とする。

思っていた以上に、SNSに使う時間が長かったり、それほど時間をかけるつもりでなかったはずの仕事に長い時間をかけていたり。案外、どうでもいいことに時間を多くかけてしまっていることがわかる。

意外に多いのが、何をしていたか思い出せない空白の時間だ。こんな状態だと、時間を有効活用していたとはとても言えない。

ほとんどの人は、自分は時間を有効に活用していて、それでも時間が足りていないと考えている。実際に時間の使い方を記録すれば、そうではないことが一目瞭然でわかる。

「人は多くの時間をムダにしている。誰もが、時間など無限にあるかのように振る舞っているが、実際には時間こそ限りある資源であり、人はそれを上手に活用していない」

ダニエル・カーネマン／アメリカの心理学者、行動経済学者

6

仕事のプロは完璧主義者

人間って、気が緩《ゆる》んでないというふうに
自分では思ってても、気が緩んでるもんなんだと思う。
それをどうやって気を引き締めるかって、
くどいまでに自分に自問自答するしかない。

本田圭佑《ほんだけいすけ》／サッカー選手

5年後も部下の人

仕事を終えたらホッとして、見直しをしない。
よって、抜けやイージーミスが多い。
そもそも、仕事を適当にこなそうと思っている。

5年後のリーダー

仕事を終えたら、必ずミスや抜けがないか確認する。
あくまでも仕事と自分に対しては厳しく、つねに完璧を目指す。

仕事では「ミスは必ず起こる」と肝《きも》に銘《めい》じる

私自身せっかちで、抜けが多く、よくうっかりミスをしてしまう。今まで見てきた仕事のできる人は、例外なく小さなことでもきちんとこなしている。

彼らは皆、完璧主義者だ。仕事を完璧にこなすためには、何度も何度もミスがないかをチェックし、さらに誰かほかの人にチェックしてもらっている。

さらに仕事巧者は、すべて最悪の状況も想定しておき、念のための手も用意している。バックアッププランを考えているのだ。

その上で完璧を期すために、自分の手から仕事が離れても、相手がそれをきちんと受け取ったか、理解したか、実行に移しているのか、さりげなくチェックしている。ある意味、人を信用していないかのように、とても悲観的に物事を見ている。

過去に痛い目に何度もあっているから、二度と同じことが起きないように、念入りにチェックして、最善を尽くす努力をしている。本当の仕事のプロは、ここまでやる。

「人を信じてもよいが、人のすることを信じてはいけない」

人が間違った意思決定をするのは、その材料となる「事実」が足りなかったとき、あるいは「事実」が間違っていたときだ。「間違った情報」をもとに、正しい判断ができるはずはない。

だからこそ重要なのが、正しい事実を得るための努力だ。できる限り一次情報を取るために、自ら最前線におもむいて直接話を聞き、自分の目で確かめることがリーダーには求められる。

では、どうして一次情報が重要なのか？

それは、情報が伝わってくるときに、途中の報告者の判断が加わって「事実」が歪《ゆが》められていく危険性があるからだ。伝言ゲームがごとく、人は聞き間違える。悪気がなくても、勘違いしたことを正しいと思い込んだり、自分が解釈したいように認識して人に伝えてしまうことがよくある。

そして、それを鵜呑《うの》みにすると、今度は自分が痛い目にあってしまう。私は日産自動車時代にも、その後の日本コカ・コーラ時代にも、最前線に近いところで仕事をしていたから、細かなところまで何度も工場に確認していた。判断を間違えると、部品の供給ストップで工場が止まってしまう危険性がある仕事だったからだ。

だからこそ「人を信じてもよいが、人のすることを信じてはいけない」のだ。その気はなくとも、人は自分の願望によって、情報を歪めることもある。

「人間というのは、どうしてこんなに勘違いをするのだろう。何故、間違った捉《とら》え方をするのだろう。何故か、誤解が多い。誤解をするのは、理解力が足りないからではない。理解しようとしていない、自身の願望によって妨《さまた》げられている、ということがよくわかる。ようするに、自分が解釈したいように認識してしまうから、見誤り、間違え、そして馬鹿な考えへと行き着いてしまうのだ」

森博嗣《もりひろし》／作家

たとえ部下や取引先に嫌がられたとしても、細かなことだったとしても、いちいちチェックする。さりげなく「あれはどうなった？」「大丈夫だった？」とこまめに報告を求める。

部下からすれば、自分は信用してもらっていないのか、と思われてしまうかもしれない。しかし、部下は信用しても、人間である以上、うっかりミスも起こり得る。

リーダーは、それを忘れてはいけない。何度も痛い目にあっていれば自然とそうなっていく。人の話を鵜呑みにしない慎重さも、つねにリーダーは持っていなければならないのだ。

7

具体的なファクトから仮説を立てる

仮説は、建築する前に設けられ、建物ができ上がると取り払われる足場である。足場は作業する人になくてはならない。ただ、作業する人は足場を建物だと思ってはならない。

ヨハン・ヴォルフガング・フォン・ゲーテ

5年後も部下の人

根拠のない思い込みで、物事を決めつけてしまう。
変な噂《うわさ》を信じて、それをあたかも真実のように人に話してしまう。

5年後のリーダー

自分の経験や観察から、自分なりの仮説を考えている。
人の話を鵜呑みせず、きちんと事実や数字を集めて検証している。
間違ったら謙虚に、どこが間違ったのか反省し、次回につなげる。

正しい戦略は仮説から始まる

戦略を考える上で、闇雲《やみくも》にデータを集めるのではなく、まず自分の過去の経験や、その道の有識者から話を聞き、仮説をいくつか考えてから、それにもとづいた事実やデータを集め、検証する癖をつける。はじめに仮説ありきなのだ。

そして、集めた事実をもとに、結論を考える。そのときは、自分の仮説と間違っている不都合なデータを無視してはならない。

ただし、そのためには、できるだけ一次情報を取るようにしなくてはならない。人から聞いた伝聞《でんぶん》情報には、あいだに入った人の判断や解釈が混じり、ひどい場合は偏見まで入っている。新聞やテレビなどのメディアでさえ、意図的に偏向したニュースを伝えていることが多くある。

軍隊では、参謀本部は必ず、実際に指示どおり作戦がおこなわれているか、銃弾《じゅうだん》が飛び交う最前線まで行って、確認することが常識となっている。

新聞記者が小学校で流行《はや》っていた縄跳びの取材にやってきて、囲み記事を新聞に掲載したことがある。担任の先生は、その新聞の記事の内容と実際の事実とが異なる箇所に、赤線を引いて貼《は》り出してくれた。それを見ると、記事のほとんどに赤線が引かれていた。

たしかに、新聞に載《の》っていた記事は、記者の勝手な臆測《おくそく》ばかりだった。それまで、新聞には事実が書いてあるとばかり信じ込んでいた私は、とてもショックだった。

その後、経営者になって何度も新聞の取材を受けたが、彼らはあらかじめ作ったストーリーの中での記事やコメントしか載せない。原則、新聞は事前に記事をチェックさせないので、本当に新聞には気をつけないといけない。

これはひどい例だが、集めた一次情報に不都合な情報があっても、それを例外として無視してはいけない。たとえば、社長の意に沿わない事実が見つかっても、それに目を瞑《つむ》ってはいけない。**「事実は社長より偉い！」と考えればいい。**

どんなに自信家のワンマン社長でも、事実の前には謙虚にならざるを得ない。実際に起こっている事実を伝えれば、「そんなわけがない！」と怒り狂《くる》っている社長も認めざるを得ないのだ。

「まず、たしかな事実を手元に集めることだ。公平な目にありとあらゆる事実を集めないうちは、問題にも手を触れないことにしよう」

デール・カーネギー／アメリカの自己啓発作家

たとえば、自社の接客レベルが向上したかどうか、定量的なデータがないと、感覚でしかわからない。人の感覚はあてにならないし、だいたい物事は自分に都合よく解釈してしまうものだ。覆面《ふくめん》調査をしたりして、お客様からの直接の評価を、きちんと取る努力を怠ってはならない。

「お客様からどのように見られているのか？」を正しく、定量的に、かつ客観的に理解できていなかったとすれば、正しい戦略を打ち出すことなどできない。ところが、こういった基本的なことをしていない組織がとても多い。

事実や数字をもとにしたファクトベースの議論は、日本人以上に欧米人に対して重要になる。欧米人は色々と細かなことを言ってくるが、「数字データをもとにしたファクトはこうだった」と言えば、案外すんなり引き下がる。逆に、ファクトでない、印象や感覚的なことをいくら語っても、彼らは納得しない。

欧米のビジネスのやり方に関しては、日本のマーケットを無視して、自説を押しつけると感じている人も多いかもしれないが、データやファクトをもとにした結論には、とても素直な人たちなのだ。

観察や経験から仮説を立て、仮説を裏づける事実を集め、結論を導き出す。この基本動作がビジネスにはとても大切なことだ。

8

仕事が楽しくなるように
デザインする

仕事がつまらないと感じているなら、
まずひとつ自分なりの
小さな目標を探し出すことです。
もっと効率的にする方法は何か。
お客様に喜んでいただけることは何か。
そしてそれを成功させるために
仕事のやり方を考えていく。
小さな目標が達成できると、
仕事はがぜん面白くなります。

北城恪太郎《きたしろかくたろう》／実業家

5年後も部下の人

自分の仕事に意義を感じず、つまらないと思っている。
早く終業時間にならないか時計ばかり見ている。
定時後の時間こそ大切だと考えている。

5年後のリーダー

仕事の意味と意義を考え、
やりがいを感じて楽しく働いている。
目の前の仕事に全力投球する。
何かが工夫ができないか絶《た》えず考えている。

仕事を楽しめる人ほど有意義な人生を送れる

「仕事」とは、「事」に「仕《つか》える」と書く。

この受身的な「仕事」を、自分の志（ミッション）を遂げる手段としての「志事」に変えていくことが大切だ。

仕事をしている時間は、人生の大きな部分を占める。この時間が苦痛であったり、無為に過ごしていると感じれば、毎日がとても辛い。

しかし、その仕事が楽しくやりがいがあり、仕事を通じて自分の夢や志を遂げることができれば、有意義な人生が送れることは間違いない。

「素晴らしい仕事をするには、自分のやっていることを好きにならなくてはいけない。まだそれを見つけていないのなら、探すのをやめてはいけない。安住してはいけない。心の問題のすべてがそうであるように、答えを見つけたときには、自然とわかるはずだ」

スティーブ・ジョブズ

単調に見える仕事でも、工夫してゲーム感覚で楽しむことはできる。進捗《しんちょく》をグラフ化したり、「ＴＯ　ＤＯ　ＬＩＳＴ」を作り、終わったら横線で消し込んでいくなど、目で見て進捗状況がわかるようにすると、ささやかな達成感が味わえる。「これができたら◯◯しよう！」と、自分に小さなご褒美《ほうび》をあげることでもよい。**とにかく、仕事を楽しんでしまおうという気持ちが大切だ。**

「私は一日たりとも、いわゆる労働などしたことがない。何をやっても楽しくてたまらないから」

トーマス・アルバ・エジソン／アメリカの発明家

仕事を楽しくするためには、こんな工夫がある。

・仕事というのは必ず誰かの役に立っている。自分の仕事の意義を見出して、やりがいと誇りを持つ。
・すべての仕事を一〇〇点満点にしようとせず、とりあえず八〇点ぐらいで満足する。もし時間が残されていれば、細部にこだわり一〇〇点を目指す。
・締切日を自分で早めに設定して、つねに仕事を前倒しでおこない、仕事に追いかけられないようにする。突発の用事なども起こり得ることを考慮する。
・以前できなかった仕事がうまくできたり、早くできたりする達成感とともに、仕事を通じて自分が人間的に成長できている実感を持つ。
・汗をかいて得た金銭的な報酬を素直に喜ぶ。

学生時代、普段は不真面目なのに成績がいい級友がいた。彼はいつも勉強をゲーム化して楽しんでいた。暗記するのにダジャレを作って覚えたり、文房具に凝っていたり、ノートはカラフルな色であふれていた。

そして、試験後にはいつもかわいい彼女と遊んでいた。

「遊ぶように楽しく仕事をし、仕事をするように真剣に遊ぶ」

これが私のモットーだ。

9

一つのことに集中して
ほかの一切を断《た》つ

成果を上げる秘訣《ひけつ》を一つだけあげるならば、
それは集中である。
成果を上げる人は最も重要なことから始め、
しかも一度に一つのことしかしない。

ピーター・ドラッカー／アメリカの経済学者

5年後も部下の人

思いつきで色々なことに手を出すが、すぐ飽《あ》きてしまい、続かない。途中で投げ出すから、結果も出ない。いつまでもスキルが身につかないし、自信が持てない。

5年後のリーダー

一つのことに地道に集中する。成功するまであきらめない。成功体験を積むことで、自信がつき、また新しいチャレンジができる。

定期的に三時間、「まとまった時間」を確保しよう

人が一度に集中できることは、多くてせいぜい三つまでだ。仕事だったら、それぞれの重要性、緊急性を考えて、優先順位をつけて一つのことに集中する必要がある。

ここで大切なのは、どうしても緊急性の高いことに優先順位が引っ張られてしまうことだ。

「緊急性は低いが重要性が高いこと」が、どうしてもおろそかになってしまう。

たとえば「三ヵ年の戦略を考える」「人生のミッションを考える」「しばらく会っていない親に連絡をする」などといったことは、緊急性はないが、とても重要なことだ。

とはいえ、日々、色々な雑事がある。もちろん「重要性が高く」て、かつ「緊急性が高い」仕事から片づけなければならない。

重要性が低く、自分でなくてもできることは、できるだけ人に頼むようにする。いわ

ゆる雑事のアウトソーシングだ。そして、本当に自分がやるべきことや、自分にしかできないことに集中する。

集中するとは、ほかを一切、切り捨てるということだ。それは覚悟の問題だ。

一流の人は、それがビジネスであれ、スポーツであれ、寝ても醒《さ》めても一つのことに集中して、素晴らしい業績を上げている。

「小さいことを積み重ねるのが、とんでもないところへ行く、ただひとつの道だと思っています」

イチロー／野球選手

私はスターバックスのCEO時代、上場会社の経営者というのは、これほど忙しいのかと驚いた。あっという間に、三ヵ月先のスケジュールまで、びっしりと埋《う》まってしまう。誰かに「会いたい」と言われても、どうしても優先順位をつけないといけないので、一年間も待ってもらった人もいた。

そんな状況の中でも、私は二週間に一度は、必ずまとまった時間を確保してほしいと秘書さんに頼んでいた。

本当は週に一度が理想だが、それはとてもできなかった。そこで二週間に一度、三時間ほどの一人で考える時間を作ってもらっていた。たいていは、会議の少ない金曜日の午後が多かった。

なぜ、まとまった時間を作ったか。

それは、じっくり考える時間が欲しかったからだ。

「今スターバックスのCEOとして、何をするべきなのか？」ということを自問自答していた。

本当に頭を働かせて考えたいとき、二〇分、三〇分の細切れの時間では、あまり意味がない。実際、たとえば一時間だと、考えたいことに集中するのに一〇分、二〇分はかかる。

しかも、最後の一〇分ほどは次の予定が気になってしまうので、なかなか集中できない。そうすると、正味三〇分、四〇分ほどになってしまう。

稟議書《りんぎしょ》をチェックする、メールを整理するなどの仕事は、細切れの時間でもこなせるが、じっくり会社の現状の課題を棚卸《たなおろ》ししたり、今後の事業戦略や会社の方向性などを考えたりするには、まとまった時間が絶対に必要だ。

二時間でもいいが、できれば三時間はまとまった時間を定期的に確保すること。リーダーはとても忙しいからこそ、意識すべきことだと思う。

「何かに興味を持っていれば、新しい興味を探す必要がない。向こうからこっちにやってくる。純粋に一つのことに打ち込めば、必ず違う何かにつながっていく」

エレノア・ルーズベルト／アメリカの人権活動家

10

初心を忘れず探求することをやめない

我々は探求をやめてはならない。そして、我々のすべての探求は、最終的に初めにいた場所に戻り、その場所を初めて確認することである。

T・S・エリオット／イギリスの詩人

5年後も部下の人

仕事に狎《な》れてしまい、真剣さを失い、適当にこなしてしまう。
仕事がルーティンになって、とくに新しい工夫を考えない。

5年後のリーダー

初心の大切さを忘れず、
つねに初学者のときの緊張感を持っている。
まだまだ自分は不十分だ、足りないと、
謙虚な気持ちで、いつも他者から学ぼうとする。

どれほど成功しても初心の志を持ち続ける

何年も同じ仕事を続けて、仕事には慣れても、決して精神的に狎れてはいけない。つねに初めて仕事をするときの緊張感と、ワクワク感を伴った初心を忘れてはいけない。「なぜ、自分がその道を志したのか？」という原点も含めて、当初の夢と希望に満ちた心持ちを忘れてはいけない。

一流の人は、小さなことでも決して甘く見たりせず、つねに自分の仕事に「畏《おそ》れ」を持ち続けている。どれだけ実績を上げても、うまくできなかったらどうしようという恐怖心を持っている。だから日々しっかり準備し、ベストな状態で本番に臨んでいる。

「苟日新《まことにひにあらたに》、日日新《ひびにあらたに》、又日新《またひにあらたなり》」

湯王《とうおう》／殷《いん》の建国者

今している仕事が心地よく、刺激が少なくなってきたときは、黄色信号が灯っていると考えたほうがいい。次の新しいチャレンジをする時期が来ていると自覚すべきだ。

若い時代の苦労を忘れないように、叩き上げの経営者が、ときどき新入社員がやる雑《ぞう》巾《きん》がけや便所掃除をしている。販売の最前線に立って声を張り上げて商品を売っている経営者もいる。

スターバックスの元CEOハワード・シュルツは、大成功した後も1号店の鍵を持ち続け、ときどき訪れては入社当時を思い出している。**つねに原点に戻ることが大切だ。**

「事窮《きわ》まり勢い蹙《ちぢ》まるの人は、当にその初心を原《たず》ぬべし。功成り行い満つるの士は、その末路を観んことを要す」

（仕事が行き詰《づ》まり、とことん形勢が悪い人は、その初心が何であったかをもう一度検討し直すべきだ。成功してこの世の春を楽しんでいる者は、その行く末を考えなければなら

ない）

洪自誠《こうじせい》／明の学者

日本航空では、五二〇名の死者を出した大事故の教訓を忘れないために、未だに新入社員と新任管理職には全員、御巣鷹山《おすたかやま》への慰霊《いれい》登山の義務を課しているそうだ。

「是非《ぜひ》の初心忘るべからず、時々の初心忘るべからず、老後の初心忘るべからず」

世阿弥《ぜあみ》／能楽師

この「初心忘るべからず」で知られている世阿弥の言葉だが、いつの修行時代も初心を忘れてはいけないという戒《いまし》めだ。初学者のころの失敗について、その恥ずかしさをいつまでも忘れないで精進《しょうじん》するように戒めている。

Chapter 2

MISSION

「5年後のリーダーは
どう仕事と向き合うべきか」

11

一歩ずつ着実に成長していく

ステップ・バイ・ステップ。
どんなことでも、
何かを達成する場合に
取るべき方法はただ一つ、
一歩ずつ着実に立ち向かうことだ。
これ以外に方法はない。

マイケル・ジョーダン／アメリカのバスケットボール選手

5年後も部下の人

気の向いたときだけ必死にやるが、長続きしない。
英会話やダイエットなどにも挑戦するが、
すぐ結果を求めてしまうので、途中でやめてしまう。

5年後のリーダー

焦らず一歩ずつ前に進む。
すぐ結果を求めず、
マラソンランナーのように着実に進む。
千里《せんり》の道も一歩から。
コツコツが「勝つコツ」と心得ている。

人生はスプリントではなく、マラソンである

人生は長いマラソンレースのようだ。

必ず調子のよいとき、悪いときがある。その調子の悪いときにこそ、その人の本性が出る。不遇なときは「いつか必ず歴史が自分を必要とするときがやってくる」と矜持《きょうじ》を持ちながら、自分を叱咤《しった》して頑張るべきだ。

「人の一生は重荷を負《お》うて遠き道を行くがごとし。急ぐべからず。不自由を常と思えば不足なし。心に望みおこらば困窮《こんきゅう》したるときを思い出すべし。堪忍は無事長久《ぶじちょうきゅう》の基《もと》、怒りは敵と思え。勝つことばかり知りて、負くること知らざれば害その身に至る。おのれを責めて人を責むるな。及ばざるは過ぎたるより

まされり」

徳川家康《とくがわいえやす》／江戸幕府初代将軍

仮に不遇のときでも、焦らず、腐《くさ》らず、コツコツ目の前の自分のやるべきことに集中をしていると、必ずその努力が報われ、チャンスが巡ってくる。

秦《しん》の始皇帝時代に完成した「呂氏春秋《りょししゅんじゅう》」という書物に「六験《ろくけん》」という人物の鑑定法があげられている。

一、之《これ》を喜ばしめて以《もっ》て其《そ》の守を験《ため》す

人間は嬉《うれ》しくなると有頂天になり傲慢《ごうまん》になってしまう。しかし、人間には守らねばならない分《ぶ》がある。少し喜ばされたくらいで本分から逸脱《いつだつ》するのは、人間として失格である。

一、之を楽しましめて以て其の僻《へき》を験す

喜びの本能に理性が伴うと、これを楽という。人間は楽しむと、どうしても僻する。

かたよる。すると公正を失って、物事がうまくいかない。

一、之を怒らしめて以て其の節を験す

人間はどんなに怒っても、締まるところは締まり、抑えるところは抑えなければいけない節度がある。絶対にキレてはいけない。

一、之を懼《おそ》れしめて以て其の特（独）を験す

人間、恐れると何かに頼りたくなって依存心が強くなる。宗教や誰かに頼るのではなく、一人でそれを受けて立つ気概《きがい》が必要だ。

一、之を悲しましめて以て其の人を験す

人間は悲しいときに、その人の弱さすべてが表れる。人物の強さを鑑定するには、悲しませるのが一番である。

一、之を苦しましめて以て其の志を験す

苦しいときに、その人の志操《しそう》の固さを験すことができる。どんなに辛くても、本来の志を失ってはならない。

人の本質は、逆境のときにこそ真価が問われる。
途中で何があっても、志を見失ってはいけない。
人生において、逆風や坂道こそ、自分が成長できるチャンスだと見定め、腐らず、前向きに、目の前のことに誠心誠意を尽くすことが大切である。

「長い階段を一気に上がろうとすると、途中でへばってしまう。でも一段ずつ確実に上がっていけば、時間はかかっても頂上まで上がることができる」

高橋尚子《たかはしなおこ》／マラソン選手

12

失敗を恐れず チャレンジし続ける

チャレンジして失敗を恐れるよりも、何もしないことを恐れろ。

本田《ほんだ》宗一郎《そういちろう》／経営者

5年後も部下の人

何事にも自信がないので、
初めからあきらめてしまう。
失敗したときのリスクが怖くて、
新しいことにチャレンジしようとしない。

5年後のリーダー

現状に満足せず、つねに新しいことにチャレンジしている。
失敗したら「できなかった」ことを謙虚に反省し、
二度と同じあやまちを繰り返さない。
今度こそと再チャレンジする不屈の精神を持っている。

失敗を失敗で終わらせないために

人生には、大きな決断を迫《せま》られることがある。転職や起業など、チャレンジすべき人生の岐路《きろ》は多く訪れてくる。

私は、そのときの判断基準を、次のように考えている。

やって失敗したときの後悔と、やらなかったときの後悔を天秤《てんびん》にかけてみる。**もし失敗しても、その影響が致命的でなければ、まずやってみる。やった後悔はその場だけで済むし、その経験は次につながる。**

しかし、やらなかった後悔は一生続く。前向きなチャレンジなら、仮に失敗しても、そこから色々と学ぶ限り、失敗は失敗ではなくなり、成功への準備、予行演習になる。

もちろん、会社が倒産してしまったり、命に関わるような取り返しのつかないリスクは取るべきではない。**つねにワーストシナリオを考え、最大リスクを念頭に置き、もし**

それが許容できない場合は、チャレンジの内容を見直すべきだ。

蛮勇《ばんゆう》と勇気は違う。二度と立ち上がれない玉砕《ぎょくさい》はするべきではない。チャレンジを成功させるには、運任せばかりにしないで、周到《しゅうとう》な準備がとても重要になる。

何か大きなリスクがあると感じる場合には、まず小さく始めてみるとよい。様子を見ながらやっていると、徐々にそのリスクや障害の程度が見えてくる。もちろん、成功の可能性も見えてくる。

それを乗り越えていくと、大成功や大金脈を掘り当てることになるかもしれない。もし失敗しても、小さく始めているから損失も小さい。

初めから大きく事を起こそうとすると、準備に手間と時間が取られたりして、最初のハードルが高くなる。失敗したときのリスクもとても大きくなり、二度と立ち直れないダメージを受けるかもしれない。

まずは小さく始めて、可能性がなければストップし、小さな損失で切り上げることが大切だ。見切り千両だ。逆に、もし可能性があるならば、さらに投資をして大きなビジネスに育てていけばよい。

この考え方は、最新経営学で「リアルオプション理論」と言われており、新規事業やベンチャービジネスにおいて推奨《すいしょう》されている。

「いつかは目標に通じる歩みを一歩一歩と運んでいくのでは足りない。その一歩一歩が目標なのだし、一歩そのものが価値あるものでなければならない」

ヨハン・ヴォルフガング・フォン・ゲーテ

どんなことであれ、一〇〇%成功を保証されることはない。一〇〇%成功するなら、それはチャレンジとは言わない。

ただ、いくら考えても将来のことはよくわからない。最後の最後のところは、覚悟を持って「えいや！」とジャンプする勇気が必要だ。

会社や組織では、部下に新しいチャレンジをさせて成長を促すべきだが、最悪の事態はいつも想定し、つねに助け船を出せるように見守ってあげる必要がある。単なる丸投げではダメだ。

そして、どんなチャレンジでも、自分が責任を取れない権限を部下に与えてはならない。失敗したときに、部下をかばい切れなくなるからだ。

「最大の名誉は決して倒れないことではない。倒れるたびに起き上がることである」

オリヴァー・ゴールドスミス／イギリスの作家

誰しも平凡な人生で終わりたくないと思っている。歴史に名を残すようなことはしなくてもいいが、自分が人生を賭《か》けてみたくなるようなことに、一度や二度ぜひ大きなチャレンジをしてみてほしい。

13

成功に満足せず、成功体験で自信を深める

学問は満足しようとしない。
しかし経験は満足しようとする。
これが経験の危険である。

谷川《たにかわ》徹三《てつぞう》／哲学者

5年後も部下の人

過去の成功体験を引きずる。
根拠のない自信を持って傲慢《ごうまん》になり、
他人から学ぼうとしない。
いつまでも同じ自慢話をする。

5年後のリーダー

成功体験に満足せず、学び続ける。
自分はまだまだだと謙虚な気持ちを持っている。
絶えず自己批判し、革新をする。
つねに学ぶことを習慣化している。

成功して自信をつけていいが、決して満足してはいけない

勉強というものは、すればするほど、面白くなり、新たな疑問が出てくる。いかに自分が無知であるかを知ることになる。そして、もっともっと勉強しなければならないと、焦燥感《しょうそうかん》に似た気持ちになり、ますます勉強したくなる。

もしそうでなければ、その勉強は勉強ではなく趣味の世界だ。

「学べば学ぶほど、自分が何も知らなかったことに気づく。気づけば気づくほど、また学びたくなる」

アルベルト・アインシュタイン／ドイツの物理学者

私自身、大学のころは野球とアルバイトに明け暮れて、あまり勉強はしなかった。ただし、私の後悔は、学校の勉強をしなかったことではない。頭のフレッシュな時期に、長編文学や古典を読んだり、世界中を旅行したり、もっと色々な経験を積むことができたら、もっと教養のある豊かな人間になれたのではないかと思う。

もし、学生時代をもう一度やり直せるとしても、きっと野球はしただろう。だが、パチンコや麻雀《マージャン》などしないで、その時間で本を読んでいればよかったとしみじみ思う。

大人になってからも、本を読んで勉強するとともに、色々な経験から学ぶことも、またとても大切だ。

他人の経験ではなく、自分が実際に直面したことだからこそ、強烈な印象が後々まで残る。成功体験であれ、失敗体験であれ、色々な体験をすることが、人生を豊かにしてくれる。

しかし、その印象があまりに強烈なために、いつまでもそれに引きずられてしまい、かえって自己革新の妨げになってしまうこともある。

失敗体験も、そこから何かを学んで、単なる失敗に終わらせてはならない。一度の失敗体験で懲《こ》りて萎縮してしまい、「羹《あつもの》に懲りて膾《なます》を吹く」のように、新たなチャレンジを避けては、自分の可能性を狭《せば》めてしまう。

一方、成功体験で自信を持つのはよいことだが、環境が大きく変化していく中で、過去の経験がそのまま活かせることは少ない。一度リセットして、過去の成功体験を活かしながら、新たな気持ちで取り組まないと成長することはできない。

そういった過去の成功体験の罠《わな》にかかっていないかは、周りに自慢話をしていないかどうかでわかる。

人は、誰しもついつい自慢話をしたくなる。しかし、自慢話は自己満足の表れである。自慢話をするようになったら、それは自分自身の成長が止まるサインだと自戒《じかい》しないといけない。

私自身、今まで色々な先輩を見てきたが、「この人についていきたい」と思った先輩でも、自慢話を始めた人は、だいたいそこで成長が止まっている。偉くなっても謙虚な人は、その後も伸び続けている。

自慢話を聞かされる相手は、初めは「ほう、すごいですね」と、興味を持って応じてくれるかもしれない。だが、自慢話が延々と続くと、うんざりする。自分が聞く立場になったことを想像すればわかることだ。

自分はこんなに頑張ったのだと、語りたくなる気持ちはわかる。それでも謙虚な気持ちで、「自分はまだまだだ」「運がよかっただけ」「周りの人に支えられて」という思いを持ち続けなくてはいけない。

人は「これでいい」と思ったら、その瞬間に成長が止まってしまう。自慢話をするのは、今の自分に満足している証拠。向上心のなさの表れと言ってもいい。

ぜひ、謙虚な気持ちを持ち続けて成長していってほしい。

「自分を買いかぶらない者は、本人が信じているよりもはるかにすぐれている」

ヨハン・ヴォルフガング・フォン・ゲーテ

14

世のため、人のためになる夢を持つ

夢なき者は理想なし。
理想なき者は信念なし。
信念なき者は計画なし。
計画なき者は実行なし。
実行なき者は成果なし。
成果なき者は幸福なし。
ゆえに幸福を求むる者は夢なかるべからず。

渋沢栄一

5年後も部下の人

人生に夢を持っていない。目の前のことをこなすのに精一杯。
周りに対して、現状の不満ばかり言っている。
夢がないから日々流され、新しいことへのチャレンジを、
初めからあきらめてしまっている。

5年後のリーダー

世のため、人のためという大きな夢を持っている。
その夢の達成のために、あらゆる努力をしようと覚悟している。
夢の達成を信じているから、努力が続けられる。

夢の実現は夢を持つことから始まる

誰しも人生において、どんな小さくてもいいから夢を持つべきだ。夢があれば、それを実現しようと頑張れる。最初は「家を持ちたい」「課長になりたい」という夢でよい。しかし、その夢を徐々に「世のため」という「ミッション」にまで進化させなければならない。

人は成長するにつれ、必ず私的な成功より公的な成功を目指すようになる。なぜなら、そのほうが、満足感が大きくなるからだ。目先の小さな夢を叶《かな》えて満足してしまうと、人生が退屈になる。人生の本当の幸せは利他にある。

世のため人のために、大切な何かを成し遂げるために、この世に生を受け、自分は生かされているということを自覚できれば、人生がもっと面白くなる。

夢の実現のために、今年は何をするのか。今日は何をするのか……。具体的な行動に落としていくことが大切だ。夢を見ない人には、絶対に夢は実現しない。

明治から昭和にかけて何百という会社を設立し、日本の近代化に貢献した渋沢栄一は、日本に金持ちを増やそうと、自分が設立した会社の株を惜しみなく、ほかの人に分け与えた。三菱財閥《みつびしざいばつ》の創始者・岩崎彌太郎《いわさきやたろう》から、二人が手を結べば産業界の富を独占できると持ちかけられたが、彼はきっぱり断っている。

「できるだけ多くの人に、できるだけ多くの幸福を与えるように行動するのが、我々の義務である」

渋沢栄一

夢を持った人は未来を語れる。私がスターバックスの社長を辞め、充電しているとき、ある友人から、新しいベンチャー企業を立ち上げようとしている青年を助けてあげてほしいと頼まれた。

その若者は、大手企業の経営戦略室という中枢《ちゅうすう》部門に勤めていた。新しいベンチャー企業とは、規制業界の大手寡占《かせん》体制に風穴を開けようというチャレンジだった。私は、若者の爽《さわ》やかさに惚《ほ》れ、またその事業の社会的意義にも賛同して、お手伝いをすることにした。

大きな投資が必要なため、数十億円を超える資金を調達しなければならなかった。そのために、私たちは二〇社以上の投資ファンドや証券会社などの金融機関、投資家を訪問した。

投資家の中には、いわゆるオーナー経営者もいた。一代で現在の会社を苦労して大きくしているので、人生の酸《す》いも甘いもわかる。当然、人を見る確かな目も持っている。しかし、その若者は面談の場で、いかに自分が大会社の枢要《すうよう》なポストで活躍してきたかという話をするばかり。自分が載っている社内報のコピーを持参して、自分がどれほど会社に期待されたエリートだったかと話すのだ。

それを傍《はた》で聞いていて、私は「あぁ、わかっていないなあ」と思った。

私の経験から、過去の社内での自慢話より、若者らしい自分の「志」や「夢」を語ったほうが、もっと経営者や投資家たちに訴《うった》えるものがあるのに……。

相手が最も知りたいのは、その人の人柄であり、信頼できる人間かどうかということ

なのだ。いくら大会社で中枢にいても、一歩外に出れば、そんな肩書き「それで？」ということになる。

社内でしか通用しない「キャリア」を持ち出しても、とくに苦労してきた経営者にとっては、サラリーマン時代の話など何のアピールポイントにもならない。むしろ、自分でパン屋さんを始めたけれど、潰《つぶ》してしまったという話のほうが、よほど興味を持って聞いてくれる。

社内での手柄話など、広い世間から見れば、ちっぽけなコップの中の出来事でしかない。それよりも、これからの夢を熱く語ったほうが、何倍も人の心を打つ。それがたとえ、実現不可能に思える夢だとしても。

「過去にこだわるものは、未来を失う」

ウィンストン・チャーチル

15

自分のミッションを自覚し、進化させる

地上において、あなたの使命が
終わったかどうかを知るテストをしてみよう。
もしも、あなたがまだ生きているのであれば、
それは終わっていない。

リチャード・バック／アメリカの作家、飛行家

5年後も部下の人

日々、忙しさに流されて、なんとなく生きている。
目の前のことに精一杯で、周りに流され、主体的な人生を送れていない。

5年後のリーダー

人生のミッション（使命）を考えている。
この世で自分の命をどう使うか真剣に考えている。
そのミッションも、進化させている。

「なぜ、自分が生かされているのか」をつねに問う

ふと、自分が今こうして生きているのは、奇跡のようなことだと思うときがある。

もし、自分の両親が巡り合わなければ、そのまた両親がそれぞれ巡り合っていなければ……。

どの一つの組み合わせが違っていても、自分はこの世に存在していない。

宇宙が誕生した瞬間、地球上に水や空気が誕生した瞬間、無生物から生物に変化した瞬間、人に精神が宿った瞬間。これらの大きな変化は、どうして起こったのか?

考えれば考えるほど、何か大きな力(Something Great)に動かされているとしか思えない。その大きな力によって、私たちはこの世に生かされている。

ではどうして、自分はこうして生かされているのだろうか?

その理由こそが、人それぞれに与えられた「ミッション」だと思う。

ミッションとは「この世に生かされている理由」なのだ。

使命（＝ミッション）とは「命を使う」と書く。

私たちは何か大切な使命を帯びて、この世に生かされているのだ。

私はミッションとは、一生背負い続けなければならない十字架《じゅうじか》ではなくて、〝進化〟させていっていいと思っている。

自分が置かれている環境はどんどん変化し、自分自身も成長していく。

ミッションも、それに合わせて一〇年レベルで進化させても、まったくかまわないと思う。

「ミッション」の振り返りと見直しがあってこそ、やがて自分の人生にピタリと嵌《は》まるミッションが見つかっていくものだ。

若いうちは、人生を賭けるような大きなミッションは、すぐには見つからないかもしれない。とりあえず、目の前の小さなミッション（目標）を考えてみる。そんな感覚でいいと思う。まずは次のようなイメージで考えてみるといい。

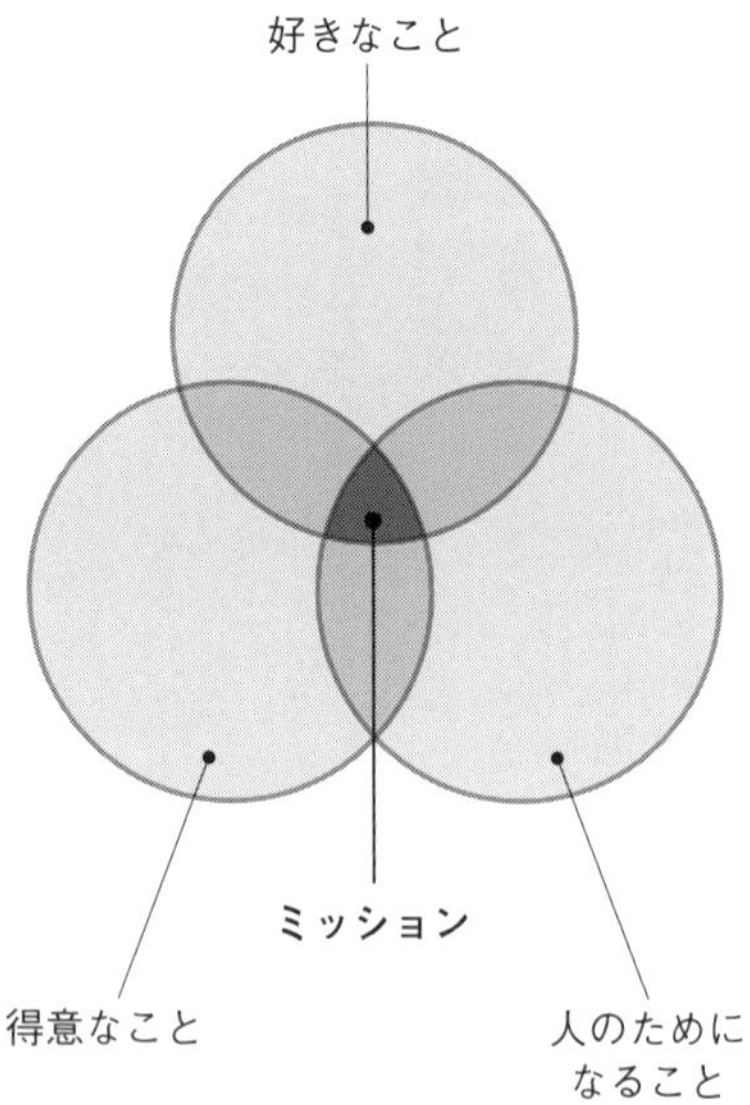

私も、サラリーマン時代は「どんな職種についても、その道のプロになる」ことや、「MBAを取る」ことを、そのときどきのミッション（目標）としてきた。

そうして目の前のことに全力で努力すれば、徐々に次のやるべきことが見つかり、自分の人生を賭けるミッションが見えてくるのだと思う。

私は三〇代になって「専門経営者（経営のプロになる）」ことをミッションにしていた。今はそれから進化させて、「専門経営者（リーダー）を育てる」ことだ。

「たいへんだったが、しかしすばらしかったといえる人生を送りたい」

リチャード・バック

私は死ぬとき、こう言い残して終わりたいと思っている。

若い人にはなかなか実感がわかないかもしれないが、人には必ず終わりがやってくる。そう意識することで、充実した日々を送ることが、いかに大切かがわかってくる。

最期のときを迎え、自分が棺桶に入って蓋《ふた》が閉まる瞬間に、誰しもこの世に自分の「生きた証《あかし》」を残していきたいと思うのではないだろうか。

その「生きた証」こそが、一人ひとりの「ミッション」だと思う。そういった自分のミッションを意識する人生と、そうではない人生では、人生の充実度が大きく違ってくる。

ぜひ、自分のミッションを真剣に考えてみてほしい。

16

志を抱いて
より高みを目指す

大きな山に登ってみると、人はただ、
さらに登るべきたくさんの山があることを見出す。

ネルソン・マンデラ／南アフリカ大統領

5年後も部下の人

志が低いので、小さな成功で自己満足している。
失敗が怖いので、さらに大きな目標にチャレンジしようとしない。

5年後のリーダー

健全な野心（志、ミッション）を持っている。
高い目標を持っているので、決して現状に満足することはない。
その野心は私欲に向かわず、社会や周りの人に向けられている。

社長を目指すことで見えてくるものがある

私は以前『早く、社長になりなさい。』（廣済堂出版）という本を書いた。

ひとくちに「社長」といっても、その肩書きを得るに至るプロセスは様々だ。その中で、大企業の社長だけがすごいのかといえば、決してそんなことはない。中小企業であれ、ベンチャー企業であれ、社長になれる人というのは、高い志と覚悟を持った人であることは間違いない。

むしろ大企業の社長より、自分で起業し、会社を発展させた創業社長を、私はとくに尊敬する。まったく何もない更地《さらち》から、事業を起こすことは本当に大変なことだ。

「世に生を得るは事を為すにあり」

坂本龍馬

最終的に社長になれるかどうかは、巡り合わせや「運」が鍵を握っている。しかし、**つねに「天命が下る前に人事を尽くしているかどうか」が問われている**のだと思う。はるか彼方《かなた》のゴールはかすんでいるとしても、志を持ち続けて努力していくかどうかで、人生は大きく違ってくる。

何よりも、高い志を抱いて山を登り続ける人には、その人にしか見ることのできない「景色」がある。社長にしか見えない「景色」を見る喜び、それは人を動かしたり、権力を握る満足感などではなく、多くの人へ献身できる喜びであり、やりがいだ。

私も、社長という職を得て、山の頂上に立ったような達成感に包まれたかというと、じつはそうでもなかった。それより、その責任の大きさに「畏れ」を抱いていた。

そして、幸運にも結果が残せたとしても、その達成感より、次はどの「山」に登ろうかという次の挑戦意欲がまた芽生えていた。

その「山」を何度か登っているうちに、改めて気づいたことがある。社長への道のりには、人を成長させる大きな「何か」があるということだ。社長を目指すというのは、人間力の鍛錬《たんれん》そのものだと思う。

何よりも大切なことは、社長になれるかどうかではなくて、社長を目指して、努力を続けることだ。

ちょうど高校球児が甲子園を夢見て、厳しい練習に明け暮れるのと似ている。甲子園に行けるかどうかは問題ではなく、どれだけ歯を食いしばって苦しい練習に耐えられるか。その苦しい経験の先に、人生というグラウンドでの栄冠が待っているのだ。

「憤《ふん》の一字は、是れ進学の機関なり。舜何人《しゅんなんぴと》ぞや、予《われ》何人ぞやとは、方《まさ》に是れ憤なり」

（発憤《はっぷん》するという意味の「憤」の一字は、学問に進むための道具である。舜〈中国古代の聖人〉は何者だ、私は何者だ。どちらも同じ人間ではないか）

佐藤一斎《さとういっさい》／儒学者

上を目指すには「奮発」しなくてはならない。怒りや憤《いきどお》りに似た強い感情を持たなければ、その願いは成就《じょうじゅ》しない。

ザ・ボディショップ創業者のアニータ・ロディックに「あなたはいつも元気だが、その秘密は何か？」と聞いたことがある。彼女は「（社会への）怒り（Anger）」だと答えてくれた。彼女のように、強い情熱を持って高みを目指すのだ。

「世界には、きみ以外には誰も歩むことのできない唯一の道がある。その道はどこに行きつくのかと問うてはならない。ひたすら進め」

フリードリヒ・ヴィルヘルム・ニーチェ／ドイツの哲学者

金儲《かねもう》けや出世より、自分を信じて、人としてのさらなる高みを目指し、頑張りたいものだ。

17

目的と手段を間違えない

間違った問いに対する正しい答えほど、始末に負えないものはない。

ピーター・ドラッカー

5年後も部下の人

言われたことに対し、あまり深く考えないで仕事をしている。
そもそも、何のためにやっているのかという疑問を持たない。

5年後のリーダー

仕事の目的を深く考える。
一つひとつの仕事に対しても、
その背景や意義なども考える癖がついている。
それが不確かなときはきちんと確認する。

究極の自己実現とは何か？

仕事の目的をしっかり理解していないと「間違ったことを一所懸命する」ことになってしまう。これほどムダなことはない。しっかり目的が理解できれば、自ずと適切なやり方が見えてくる。

「目的を見つけよ。手段はついてくる」

マハトマ・ガンディー／インドの独立運動家

まずは、適切な問いを立てることが大切だ。何のためにやるのか、しっかり目的（ミッション）を確認すべきだ。そして、**強い使命感を持たないと、途中で困難にあったと**

きに挫《くじ》けてしまう。

チームの場合、メンバー間で自分たちの目的（ミッション）をときどきは再確認しないと、それぞれが別の方向に向かってしまい、いつまでたっても目的地にたどりつかないかもしれない。

また、環境が大きく変化した場合、目的そのものも見直し、変化、あるいは進化させなくてはならない。

私は企業の目的（ミッション）は「事業を通じて社会に貢献すること」だと思っている。「利益を出すこと」は、企業が永続するための手段でしかない。そのことを経営者が忘れてしまうから、企業の不祥事が頻発《ひんぱつ》することになる。

企業にとってミッションが大切なように、個人にとってもミッションを意識することはとても大切だ。自分がこの世に生かされている理由（＝ミッション）を、しっかり自覚することにより、熱い情熱を持つことができる。

「どんな目的であれ、達成の鍵は情熱の強さだ。目的達成への強い気持ちが手段を明らかにしてくれるだろうから」

ウィリアム・ハズリット／イギリスの作家

有名なマズロー欲求段階説には、次の五段階がある。

第一段階　生理的欲求（Physiological needs）
第二段階　安全の欲求（Safety needs）
第三段階　社会的欲求／所属と愛の欲求（Social needs / Love and belonging）
第四段階　承認（尊重）の欲求（Esteem）
第五段階　自己実現の欲求（Self-actualization）

私はこの自己実現の欲求の上に、さらに「他者の自己実現をサポートする欲求」があるのではないかと思っている。

昔から着道楽、食い道楽、履き道楽など色々な道楽があったが、人道楽、つまり人を育てる道楽が究極の道楽だと思う。

多くの偉大な経営者が、晩年に学校を設立しているのはそのためだ。世の中に役立つ人材を多く育てることが、究極の自己実現ではないかと思う。

「金を残して死ぬ者は下だ。仕事を残して死ぬ者は中だ。人を残して死ぬ者は上だ」

後藤新平《ごとうしんぺい》／官僚、政治家

18

「仕事」を「志事」のレベルに引き上げる

あれは努力じゃなくてただの労働だ。
俺の言う努力というのはそういうのじゃない。
努力というのはもっと主体的に
目的的になされるもののことだ。

村上春樹《むらかみはるき》／作家

5年後も部下の人

仕事を、生活の糧を得る手段だと割り切っている。
給料がよければ、さっさと転職する。
労働はイヤなもの、できればしたくないものと位置づけている。

5年後のリーダー

仕事を通じて自己実現しようとする。
仕事は自分のミッションや、
夢を実現する手立てだと思っている。
職場は、自己を成長させる道場だと考えている。

仕事のミッションを意識し、自己実現しよう

「遊ぶように楽しく仕事をし、仕事をするように真剣に遊ぶ」

これが、私の理想だ。

ずっとやっていて、飽きないのが仕事。飽きるのが趣味。

仕事は、真剣にやればやるほど面白くなるものであり、遊びは一ヵ月も続けていると飽きてくる。

普通の人なら、あまり遊び呆《ほう》けていると「こんなことばかりしていていいのだろうか」と不安になってくる。

外資系の金融機関であぶく銭《ぜに》を得た人は、やりがいのない金融の仕事にさっさと見切りをつけて、やたらと社会貢献活動に精を出す。

会社を高値で売り抜けたベンチャー企業の若い経営者もしかり。やはりマネーゲームでは、自己実現できなかったのだろう。

「仕事」は「事」に「仕える」と書く。

その「仕事」を、自分の志を遂げる「志事」のレベルに引き上げるのが、リーダーの大切な仕事の一つだ。

リーダーは、メンバーに仕事に対する意識（意義）づけを、きちんとしなくてはならない。

松下電器（現パナソニック）を創業し、「経営の神様」と称される松下幸之助《まつしたこうのすけ》さんの有名なエピソードがある。

松下さんは、製造現場で、イヤそうに電球を磨く仕事をしている従業員に対し、こう話しかけた。

「きみ、ええ仕事しとるな～」

そう言われた従業員は、このように返した。

「は？　電球を磨いているだけや。こんなの誰でもできる仕事やし、もっとすごい仕事あるやないですか……」

すると松下さんは、次のように話したという。

「きみが電球を磨く。その電球で、町の街灯に明かりがつく。夜遅くに、怖い思いして、駅から家に帰らなあかん女の人がおる。きみの磨いた電球のおかげで、いつも怖い思いして帰ってたのに、今日からは安心して家に帰られる……。お母ちゃんが帰ってくるのが遅くて、もう暗くなってもうて、ウルトラマンの絵本、読んでもらわれへん子どもがおる。そんな子どもの家に、きみの磨いた電球一個灯るだけで、その子はお母ちゃんに、絵本を読んでもらえる。ウルトラマンは続行や！　きみ、ほんまええ仕事してるな〜」

松下さんの話を聞いた従業員は、きっと電球を磨くという仕事の「使命（ミッション）」を強く感じたことであろう。

リーダーはチームメンバーに「ミッション」を熱く語れなければならない。

すぐれたミッションには、人の心を強く奮い立たせる力があるのだ。

「船を造りたかったら、人に木を集めてくるように促したり、作業や任務を割り振ることをせず、果《は》てしなく続く広大な海を慕うことを教えよ」

アントワーヌ・ド・サン＝テグジュペリ／フランスの作家

19

やるべきことに集中する

成功の鍵は、的を見失わないことだ。
自分が最も力を発揮できる範囲を見極め、
そこに時間とエネルギーを集中することである。

ビル・ゲイツ／アメリカの経営者

5年後も部下の人

興味があちこちに飛んでしまう。
思いつきで何かをやってはすぐやめ、
また少しやっては別のことに手を出す。
結局、何も身につかない。

5年後のリーダー

的を絞り集中する。
結果が出るまで、一つのことを根気よく続ける。
やらないことを決め、思い切ってあきらめる。
自己への厳しい規律がある。

使命——命をどう使うか？

人生はとても短い。

しかも一度しかない。

そんな人生だからこそ、誰しも人々の記憶に残るような「生きた証」を残したいと思うのではないか。

しかし「ことを成す」には、あまりにも与えられた時間は短い。ほとんどの人は、雑事にかまけて、何一つ成し遂げないで死んでいく。

だから、やらないことをしっかり決めて、自分のやるべきこと（＝ミッション）に集中しなければならない。

ビジネスの世界では「戦略とは、やらないことを決めること」「マーケティングとは、売らない人を決めること」とも言われている。

そもそも、何に集中して取り組めばいいのかわからず、手当たり次第に手をつける人がいる。

もちろん、集中すべきことが見つかるまでに、ある程度の時間を取られてしまうのは仕方がないことだ。

私自身も、今の自分のミッションを明確に意識できたのは、五〇歳を超えてからだった。

それからは迷いなく、目の前の仕事に打ち込めるようになった。

「自分の使命」

つまり、自分の命を何に使うのか？

私は、自分が集中すべきミッションを考える上で、「好き」で「得意」で「人のためになること」をヒントにすることをすすめている。

今、私は、井上《いのうえ》ひさしさんの次の言葉を書いて貼り出している。

「むずかしいことをやさしく、やさしいことをふかく」

井上ひさし／作家

「リーダーを育てる」という、私のミッションの一つの手段が本を書くことだが、いつもウンウン唸《うな》りながら、この言葉を横目に見ながら書いている。

また、一つのミッションは一生背負い続けるものではなく、場合によっては進化させてもよいと思っている。

そして、自分のやるべきミッションが決まったら、その達成のための戦略を作り、しっかり進捗管理をしなくてはならない。

自分のミッションを手帳に書き込んだり、壁に貼り出すことで、つねに意識の中に持つようにしなくてはならない。

私は「ポストイット」にも日々の「TO　DO　LIST」を書いて、いつも目につくところに貼《は》っている。

「ポストイット」であれば、関連事項を仕分けするにも便利だし、ほかに移動するのも簡単だ。

当然ながら、片づいたことは次々とはがしていく。

そして、はがすときには、パソコンやスマホの操作にはない、ちょっとした達成感が味わえる。

20

今できることに最善を尽くす

「才能で負けるのはまだ言い訳が立つ。
しかし誠実さや、勉強、熱心、精神力で負けるのは、
人間として恥のように思う。ほかでは負けても、
せめて誠実さと、精神力では負けたくないと思う」

武者小路実篤《むしゃのこうじさねあつ》／作家

5年後も部下の人

真剣に物事に取り組まず努力もしないくせに、
できない理由を他人や環境のせいにする。
いつも、締め切りギリギリまで手をつけない。
それを「忙しくてできなかった」などとアピールする。

5年後のリーダー

つねに目の前のことに全力投球している。
物事を、長期的には楽観的に見つつ、
しかし短期的には悲観的に見ているため、
普段から計画的にコツコツ準備をしている。
だから、いつも必ず締め切り前には仕事を終わらせている。

仕事に対する「真摯さ」とは「一所懸命さ」のこと

「時代の寵児《ちょうじ》」と持てはやされ、テレビやメディアに華々しく登場した人々が、あっという間に消え、忘れ去られてしまう。突飛《とっぴ》な発言や行動で一時的に注目されても、本質的な実力がないから、長続きしない。

長く生き残る人は、自分らしさを持ち、王道を歩みながら、普段から目立たない努力をコツコツ続けている。

「静かに行く者は健《すこ》やかに行く、健やかに行く者は遠くまで行く」

レオン・ワルラス／フランスの経済学者

倦《う》まず、弛《たゆ》まず、前向きに。一流の人は、静かに行く者が遠くまで行くことを知っている。締め切り前日の徹夜より、毎日コツコツ三〇分間の努力こそが、大切だということを知っているのだ。

一流の人は、規則正しい生活を続け、よい生活習慣を身につけている。早寝早起き、腹八分目。小学生に言うような簡単なことだけれど、守るのはとても難しい。一流の人は、どんなときでも自分の体調をつねにベストな状態に保つことを自分に課している。

プロ野球で世界一ヒットを打ったイチロー選手も、延々と日々のルーティンをこなしている。世界最高峰のメジャーリーグで大選手になった今も、最善の準備を怠らない。超一流の人は地道な努力を習慣化、ルーティン化している。

よく二日酔《よ》いで会社に来ていることを自慢している人がいるが、まったく自己管理のできない人だと、レッテルを貼られるだけだ。とくに欧米では、太っていたり、喫煙《きつえん》していたりするだけで、自己管理のできない人と見なされてしまう。

一流の人に共通するのが「真摯《しんし》さ」だ。つまり「今できることに、つねに最善を尽くそうとする姿勢」である。ピーター・ドラッカーも、マネージャーの唯一欠けてはいけない資質は、「真摯さ（integrity）」と言っている。

私は、このintegrityを、わかりやすく「一所懸命さ」と解釈している。リーダーとしてやるべきことが一〇あるとすれば、その一〇すべてをやろうと努力することがintegrityだ。

もちろん、すべてをやったからといって、必ず成功するわけではない。しかし、一〇やるべきことがあるのに、七や八で満足して、それ以上の努力をしない人のことをintegrityのない人だと思う。

「マネジャーにできなければならないことは、そのほとんどが教わらなくとも学ぶことができる。しかし、学ぶことのできない資質、後天的に獲得できない資質、始めから身につけていなければならない資質が、一つだけある。才能ではない。真摯さである」

ピーター・ドラッカー

ただし、私はこの真摯さ（integrity）は、後天的にも必ず身につけられるものだと信じている。

Chapter
3

COMMUNICATION

5年後のリーダーが実践したいコミュニケーション

21

リーダーは「話す」より「聞く」こと

過去のリーダーの仕事は「命じること」だが、
未来のリーダーの仕事は「訊ねること」が重要になる。

ピーター・ドラッカー

5年後も部下の人

人の話をさえぎって自分の話ばかりする。
長々と同じ自慢話を繰り返す。
人の話をつまらなそうに聞く。

5年後のリーダー

熱心に人の話を聞く。自慢話を引き出す。
適度に相槌《あいづち》を打ち、話が広がる質問をする。
自分の過去の失敗体験を面白く話す。

自分の話は半分にし、相手の話は二倍聞く

昔から「あの人は話を聞いてくれる」は、褒め言葉になっている。反対に「人の話を聞いてくれない」は、ネガティブな評価だ。「聞く耳を持たない人」は、それだけで低い評価になる。

人は誰しも話を聞いてもらいたい、わかってもらいたいと思っている。

できるだけ自分の話は控《ひか》えて、人の話を興味を持って聞くことで、相手に好印象を与えることができる。

相手の話に合わせて、相槌を打ったり、適切な質問をしたりすることは、とても努力と忍耐のいることだ。

自分が話すことは半分にして、人の話を二倍聞くようにするくらいでちょうどいい。

人は、対等なコミュニケーションをしようとしていても、ついつい自分の話をしてしまう。

相手は「言いたいことを半分しか聞いてもらっていない」というような思いになったりする。

だから、自分の言いたいことは半分言うくらいがいいのだ。

しかし、人の話を一所懸命に聞くことは、相手に興味がないと退屈だし、とても疲れる。

よいタイミングの相槌や、話がさらに乗ってくるような質問は、相手の話をよく聞いていないとできない。相手の話の内容に興味を持ち、一所懸命に聞いてこそ、よい相槌や質問ができる。

また、話し手自身の中で、自分の話の内容が曖昧になっていることも多い。それに対して質問をしてあげることで、話し手も曖昧なことが明確になっていく。

たとえ、自分がその先の答えをわかっていたとしても、我慢して最後まで聞く。相手が目下の人であっても「素晴らしい」「よかった」と反応しなくてはいけない。

「人には口が一つなのに、耳は二つあるのはなぜだろうか。それは自分が話す倍だけ、他人の話を聞かなければならないからだ」

ユダヤの諺《ことわざ》

頭のいい人ほど、先回りして口をはさんでしまう。しかし、じっと黙って、相手の話をじっくり聞かないといけない。

そうすることで、相手が気持ちよく話せるとともに、自分としてもハッとする学びの機会を得るチャンスにもつながるのだ。

「人の言に耳を傾けない態度は、自ら求めて心を貧困にするようなものである」

松下幸之助

どんなに偉くなっても、謙虚に耳を傾ける姿勢を忘れてはいけない。

若いころから私は、受講者として講演や研修に出席したら、必ず一つは質問することにしている。

相手がどんな人でも、どんな大きな会場でも必ず手をあげる。何か一つ質問しようと思うと、それが一所懸命に聞くことにつながるからだ。

相手の話に関心を持って、一所懸命に聞く。それが人間関係で成功する秘訣だ。

22

相手に合わせた「わかる話し方」をする

難解な言葉は使わない。
小学生でも理解できる易《やさ》しい言葉、
表現を使うべきでしょう。
すると自分も自信を持って相手と向き合えるから、
信頼が生まれてくる。

岸田《きしだ》祐介《ゆうすけ》／経営者

5年後も部下の人

相手の反応を見ないで、
自分の言いたいことだけ一方的に話す。
聞きかじった難しい四字熟語や、
カタカナ英語を多用することが、
カッコいいと思っている。

5年後のリーダー

相手の反応を見ながら、
相手がわかる言葉で丁寧《ていねい》に話す。
言葉づかいや表現を変えて、
大切なことは何度も繰り返す。

話すときは「どう相手に伝わっているのか」を意識する

ある新聞広告を見ていると「アウフヘーベン」というドイツ語が使われていた。意味がよくわからないので、辞書を引くと「止揚《しよう》」と書いてあったが、それでもよくわからない。わざわざ、そんな難しい言葉を使わなくてもいいのにと思った。

それは、ある経営塾の広告だったのだが、その言葉がわかる人にだけ入学してほしいということなのかもしれない。

ときどき、とても難しい言葉を使いたがる人がいる。自分を賢く見せたいのかもしれないが、相手は意味がよくわからず、バカにされた感じがする。

そもそもコミュニケーションの基本は、「相手がわかる言葉、あるいは相手が使っている言葉を使う」ことだ。いくら素晴らしいことを言っても、相手に伝わらなくては何の目的も達成できない。

ファイナンスを学んだことのない人に、「キャッシュフロー」などという言葉を使っても話は通じない。逆に、ビジネススクールを出た人が相手なら、「お金の流れ」と言うより「キャッシュフロー」と言ったほうが通じやすい。

話をするときは「相手の立場ならどう理解するか？」「その言い方で通じるのか？」を考えなくてはいけない。

一方、人の話を聞くときも、相手のことを理解しようと真剣に思う姿勢を示すことが大切だ。ほとんどの人は、相手の話を聞くときも、次に自分が何を話そうか考えている。心当たりのある人も多いだろう。

次に自分が何を話そうか考えながら聞くことは、失礼な聞き方だ。頭の中で「次はどう返事をしようか」「どう言えば相手をコントロールできるか」と考えを巡らせているうちは、本当に相手の話を親身になって聞いているとは言えない。

相手に好意を持ってもらうための聞く姿勢には、いくつかのコツがある。

『7つの習慣』（キングベアー出版）の著者スティーブン・リチャーズ・コヴィー博士は、「相手の言葉をそのまま繰り返す」「自分の言葉に置き換える」「相手の気持ちを言葉にする」「自分の言葉に置き換えると同時に、相手の気持ちも言葉にする」ことを意識しなさいと教えている。

私がコミュニケーションをするときに気をつかっていることは、まず、どんな相手であれ、リスペクトする意識を持つようにしていることだ。それによって言葉づかいも自然に変わってくる。

相手がどんな立場の人であっても、私は必ず「～さん」と呼ぶようにしている。「くん」づけにしたり、呼び捨てにしたりすることはまずない。

また、ミーティングなどでは、必ずメモを取りながら相手の話を聞くようにしている。これは「聞き流されている」という不安や不満を、相手に与えないためだ。

そして「相手が言っていることと考えていることは、必ずしもイコールではない」という意識も忘れないようにしている。

なぜなら、誰もが話がうまいわけではなく、なかには自分の考えを上手に言葉にできない人もいるからだ。話の内容が一貫していない場合や、要領を得ていない場合は「こういうことですか？」と、言葉を置き換えて確認するようにするといいかもしれない。

ただし「こういうことだよね？」と断定的な聞き方をしてしまうと、相手は立場を失う。話を否定された、と誤解してしまう場合もある。

あくまでも「私はこういうふうに理解したけれども、間違っていませんか？　私はあなたの考えをきちんと理解できていますか？」というニュアンスを含めることが大切だ。

「確認」という意味では同じことだが、このニュアンスを含めるか、含めないかで、相手に与える印象はまったく違う。相手の話の内容を確認する場合は、これと同じように「考えを置き換える」のではなく、あくまでも「言葉を置き換える」という意識を持つことがとても大切だ。

「単純なものを複雑にするのは、ごく普通のことだ。複雑なものを単純に、とてつもなく単純にすること、それこそ創造というものだ」

チャールズ・ミンガス／ジャズミュージシャン

23

伝えるときは相手の目を見て

意識すべきなのは、相手の目を見ること。
複数の人と話すときも全員に目を配るようにすると、
相手はそれぞれ「自分に向かって話してくれている」
と思い、そこに仲間意識が生まれます。
仲間意識が生まれるということは、
反論が少なくなるとも言えます。

パトリック・ハーラン／コメディアン

5年後も部下の人

相手の目を見ないで話す。
相手の反応を見ず、
自分の話したいことをまくしたてる。
声が小さいので聞き取りにくい。

5年後のリーダー

挨拶《あいさつ》するときでも、しっかり相手の目を見てする。
相手の反応を見ながら、大きな声でゆっくり話す。
自分の話したいことを一方的に話すのではなく、
仲間に語りかけるように誠実な思いを持って話す。

テクニックは人に学ぶ。言葉は自分の思いを伝える

リーダーは、部下と一対一で話をする、会議で部下たちと議論する、大勢の前でスピーチするなど、様々なシチュエーションで話すことが求められる。

どんな機会であっても、どのような話し方をすれば、相手に伝わるかを意識しないといけない。

人に伝わる話し方を身につけるには、上手な話し手から学ぶのが一番だ。

できるだけ色々な講演会に参加して、話がうまいとされる政治家やコメンテーターの話しぶりを観察してみるといい。

最近ではＹｏｕＴｕｂｅで見ることのできるＴＥＤ（Technology Entertainment Design）は、とてもよい教材になる。まずはよいプレゼンテーションを数多く見たり、聞いたりすることが大切だ。

話し始めのつかみの言葉、話の抑揚《よくよう》のつけ方、声の強弱、視線の送り方、身振り手振り、話の展開の仕方、話の締め方など大いに参考になる。
そして「これは」と思う人がいたら、自分もその人になり切って真似てみるといい。
さらに、もし気に入ったフレーズや内容があれば、メモを取り、自分の表現の「引き出し」にしまっておくことをおすすめする。あとは場慣れすることで、徐々に自分のスタイルができ上がっていく。

「物事の基礎を学ぶうえで、他人の真似をすることは、むしろ好ましいことである。問題は単なる真似なのか、真似を通じて自分のスタイルを作っていくかである。単なる物真似は、進歩の放棄でしかない」

ナポレオン・ヒル／アメリカの自己啓発作家

リーダーには、つねにリーダーらしい言動が求められる。リーダーはリーダーという役割を与えられているわけだから、その役割を「演じ切る」ことが大切だ。

リーダーになれば、人前で話す機会も増える。ときには、いきなり話を振られることも出てくるだろう。

そういうときは臆《おく》せずチャレンジし、場数を踏《ふ》んで、失敗も何回も経験して慣れていけば、大抵の人は、うまい話し手になることができる。

たとえば、私は、講演会や勉強会に参加したら、必ず一つは質問することを自分に課している。

そうすることによって、講演者の話を真剣に聞けるという利点のほかに、人前で話すことで度胸もつくからだ。

私が講演やスピーチをするときに心がけているのが「三」という数字だ。この「三」は魔法の数字。テーマを三つに分ける。三部構成にする。例を三つあげる……。二つでは少ないし、四つでは多すぎる。その微妙な数字が「三」なのだ。

スティーブ・ジョブズがおこなったスタンフォード大学の卒業式での有名なスピーチは、ぜひ見ていただきたい。そして、これもやはり三つの構成になっている。

また、スピーチの冒頭で「これから○○について三つのことをお話しします。一つ目は……」という具合にスタートすると話しやすいし、聞き手も安心する。

ただ、そういったテクニック以上に大切なことは、伝えたい自分の「思い」を、誠意を持って自分の言葉で話すことだ。

「心からあふれ出た言葉を相手の心に注ぐ」

24

言霊《ことだま》の影響力を知る

幸福な人生を歩んでいる人は、
言葉の使い方を知っています。
言葉は選んで使いなさい。
言葉の選択一つで、
人生は明るくも暗くもなるのです。

ジョセフ・マーフィー／アメリカの自己啓発作家

5年後も部下の人

言葉づかいが悪く、ぞんざいな口のきき方をする。
言葉を大切にしない。何気ない言葉で人を傷つける。

5年後のリーダー

言葉に気をつかい、大切に扱う。
言葉は言霊であり、「寸鉄《すんてつ》人を殺す」ことを知っている。

スターバックスとディズニーランドの共通点とは？

古来、日本では言葉には魂《たましい》が宿ると言われてきた。

言葉は言霊。声に出した言葉が、現実の事象に対して何らかの影響を与えると信じられてきた。よい言葉を発するとよいことが起こり、不吉な言葉を発すると凶事《きょうじ》が起こるとされてきた。日本は、言葉の力によって幸せがもたらされる国「言霊の幸《さきわ》ふ国」とされていたのだ。

新約聖書の中にも「はじめに言葉ありき」と書かれている。すべては神の言葉から始まったとされているのだ。言葉はすなわち神である。

普段の言葉づかいの中に、その人の人柄が出てしまう。冗談一つも、気をつけて言うべきだ。

私も社長として、朝礼やマネジメントレターなど日々メッセージを発信していたが、いつも言葉づかいには気をつけるようにしていた。

たとえば「現場」という言葉は、できるだけ使わないようにしていた。「お店」や「お店の皆さん」というふうに呼んでいた。

ある社長が「お店のやつら」と言っていたのを聞いたことがあり、びっくりした。その社長は、とても偉そうな人で、当然お店の人たちからも嫌われていた。

だいたい、どの社長も「現場が一番大切だ」と言う。本当に大切だと思うなら、やはり上から目線の「現場」ではなくて、「お店の皆さん」というような言葉を使うべきだ。

私が、かつてお世話になった日産自動車の管理職研修に呼ばれて講演したときに、人事担当者が販売店や工場のことを「末端《まったん》」と言っていたので、思わず声を荒《あら》らげて注意した。

販売店や工場の生産ラインあってこその企業である。そのはずなのに、少なくとも人を扱う人事が「末端」という言葉を使うとは何事かと。

スターバックスでは、社長も昨日入ったアルバイトも「パートナー」とお互いに呼び合っている。また「本社」も、あくまでもお店をサポートするという意味で「サポートセンター」と呼んでいる。

ディズニーランドがお客様を「ゲスト」、働く人を「キャスト」と呼んでいるように、ミッションやブランドを大切にする企業は共通して、普段の言葉づかいにまで気をつかっている。

「神は細部に宿る」（God is in the details）

ミース・ファン・デル・ローエ／ドイツの建築家

言葉にも「神は細部に宿る」のだ。ちょっとした言葉づかいにも経営者やリーダーはもちろん、すべての人が気をつかわなくてはいけない。

つい先日、ザ・ボディショップのスタッフからお便りをいただいた。

「岩田さんのマネジメントレターの最後に、必ず『ありがとうございました』という言葉があったのが、とても印象的でした」と。

いつも心からお店の人たちに感謝の気持ちを持っていたので、レターの最後はいつも「ありがとうございました」で締めくくっていた。

「他人は互いにわかり合えないものです。わかり合えないからこそ、言葉があるのです」

養《よう》老《ろう》孟《たけ》司《し》／解剖学者

お店の人たちへの私の気持ちは、ちゃんと伝わっていたのだ。

25

上司をマーケティングする

上司をマネジメントするには、
いくつかのポイントがある。
上司リストを作成する。
本人に注文を聞く。
上司の強みを生かす。
報告方法を考える。
不意打ちにあわせない。
上司が代わったら、
コミュニケーションの仕方を変える。

ピーター・ドラッカー

5年後も部下の人

上司の顔色ばかり見ている。
気に入られようと見え透《す》いたゴマをする。
上司のいいなりになっている。
なのに、なかなか上司に信頼してもらえない。

5年後のリーダー

上司を畏れてはいるが、恐れていない。
上司をよく観察して、うまくマネジメントしている。
上司とはともに戦う戦友のような関係になる。

いつかは越えていかなければならない存在

サラリーマン生活の中で、上司との関係が一番大きな問題だ。関係がうまくいっていれば、安心して仕事ができるが、うまくいっていなければ、会社に行くことがとても辛いものになる。

上司との相性が悪いと、低い評価をつけられ、今後の出世の道が閉ざされてしまうかもしれない。**そういう意味で、上司が何を望んでいるかを、きちんと把握しておかないといけない。つまり上司をマーケティングしないといけない。**

まず、上司を客観的に見るために、あたかも幽体離脱《ゆうたいりだつ》をしたように、上から目線で上司を見てみるといいかもしれない。

「上司が今、どんな立場にいるのか?」を考えてみると、ヒントが見えてくるかもしれない。

上司がどんな対応を望んでいるのかを知るためには、上司がそのさらに上の上司に接するときの態度をよく観察してみるといい。

もし、その上司が上にゴマをする人なら、その人は部下からゴマをすられたがっている。あるいは、上司にずけずけものを言う人なら、色々な意見を言ってくれる部下をかわいがる……。

私の長いサラリーマン生活で得た知見だ。

もちろん例外もあるが、ほぼ間違いない。なぜなら、上司も自分なりの正しい部下を演じていると思っているわけだから、それと同じことを部下に望んでいるはずだ。

だから、上司が部下に接する態度と、その上司がそのまた上司に接する態度が違うことにも気をつけなくてはならない。

上司にはとても丁寧な応対をしているけれど、話をすると割とフランクな人だと思ってタメ口なんかきいたら、怒りを爆発させる。

その上司は、自分が上役に接するように下にも求めるから、部下としてもとても丁寧な応対をしなくてはならないのだ。ここを間違えてはいけない。

上司といっても同じ人間。恐れるのではなく、一人の人間としてよく観察し、何を望んでいるのかを考えて、場合によっては上司を育てていくという「上から目線」が必要になる。

かけがえのない心の師であろうと、反面教師のような上司であろうと、いつかは乗り越えていくことになる。それが上司という存在でもある。

上司を早く出世させるのが、部下の役目だと割り切ることも必要だ。そうすれば自分の一つ上の席が空く。

幕末の薩摩藩《さつまはん》で、事実上の藩主・島津久光《しまづひさみつ》を嫌って島流しにあった西郷隆盛《さいごうたかもり》とは異なり、大久保利通《おおくぼとしみち》は囲碁を通じて久光と親密になった。そこから出世の道が開けて、やがて一蔵の名を賜《たまわ》るまでになった。

大久保はしかるべき地位につくと、薩摩藩を日本の中心に導き、維新後は藩閥を超えて近代日本の礎《いしずえ》を築いた。

彼は西南戦争で、盟友の西郷隆盛と戦ったことになるが、結果的には明治政府の中央集権力を高めることになった。その後、日本では内戦は起こっていない。

大久保は、出世して実権を獲得するまでは、上司にへつらうこともいとわない政略家でもあった。権力を握ってから断固、日本の近代化を推し進めた大政治家になっていった。

「目的を達成するためには、人間対人間のうじうじした関係に沈み込んでいたら、物事は進まない。そういうものを振り切って、前に進む」

大久保利通

大事の前には、小事は割り切って考えることも、ときには必要だ。

26

忠告してくれる人を大切にする

忠告は雪に似て、
静かに降れば降るほど心に長くかかり、
心に食い込んでいくことも深くなる。

カール・ヒルティ／スイスの哲学者

5年後も部下の人

色々アドバイスをしてくれる人を煙《けむ》たがる。
お世辞を言ってくれる人とばかりつき合う。
傷をなめ合う仲よしグループといつも一緒にいて、
会社の悪口ばかり言っている。

5年後のリーダー

忠告をしてくれる人に感謝し、
積極的にそういった人に近づいていく。
尊敬できるメンターを持っている。
お互い切磋琢磨《せっさたくま》できる人とつき合っている。

よきリーダーはよき忠告者を身近に置く

よきリーダー、よき人になろうと思うなら、自分に忠告をしてくれる人を大切にしなければならない。どんなに偉くなっても、耳の痛いことを言ってくれる目の上のタンコブは必要だ。

忠告をしてくれた人に心から感謝できる人には、また温かい忠告がやってくる。忠告を自分の中にしっかり留め置ける人は、大きく成長することができる。

そもそも忠告をしてもらえるのは、相手に自分への愛情があるからだという認識が必要だ。

もし、相手に愛情がなければ、忠告などしない。忠告をすることによって、場合によっては、嫌われて逆恨《さかうら》みされるかもしれない。そんな気持ちを乗り越えて、当人に成長してもらいたいから、忠告してくれているのだ。

にもかかわらず、その忠告にイヤな顔をされたらどうなるか。「勝手にしてくれ」ということになる。きっと、その人は離れていく。

地位が上がっていけばいくほど、忠告してくれる人の存在は、さらに重要になっていく。偉くなってしまうと誰も忠告してくれなくなり、裸の王様になっていく。

「逆命利君《ぎゃくめいりくん》」という言葉があるが、トップの命令に背《そむ》いてでも、トップを利する部下を大切にしないといけない。そういった部下を得ることができるかは、トップの包容力、器の大きさに依存する。

「命に従《したが》いて君を利する、之《これ》を順と為《な》し、命に従いて君を病《や》ましむる、之を諛《ゆ》と為し、命に逆らいて君を利する、之を忠と謂《い》い、命に逆らいて君を病ましむる、これを乱と謂う」

劉向《りゅうきょう》／前漢の学者（『説苑《ぜいえん》』より）

大切なことは、ちょっとしたことでも指摘してくれたら、大げさに感謝をすることだ。そうすれば、また勇気を持って言ってくれるようになる。

また、部下からすれば「このリーダーは、きちんと耳を傾けてくれた」という信頼感も生まれてくる。「話を聞いてくれるリーダー」だということにもなるのだ。


「精神的にすぐれた人は、自然な威厳《いげん》がにじみ出てはいても、年齢や立場に関係なく、相手を敬う態度を示す。それは、誰に対しても尊重する気持ちを持っているからだ」

ジェームズ・アレン／イギリスの自己啓発作家

一方で、忠告がきちんと耳に入る仕組みを作ることも大切だ。

たとえば、私は経営者時代から、マネージャー会議や教育研修などで、社員や受講者の感想やフィードバックを必ず取ってもらうようにしていた。

社長の冒頭挨拶や新商品の説明はどうだったかなど、細かな項目ごとに、きちんと参加者から評価をしてもらい、次回に生かすようにしていた。

なかには、私に対して厳しいコメントもあった。「声が小さい」「早口でわからなかった」など。

でも、自分に対しての評価が聞けることは、貴重な改善の機会になった。

忠告はヒルティの言葉のように、じつは静かなもののほうが、受け手がその深さに気づけるのだと思う。頭ごなしの叱責《しっせき》よりも、やさしく思いやりにあふれた忠告のほうが、永く心の中に残る。

激しく怒鳴り散らしたりするのは、忠告ではない。多くの場合は、自分の感情のままに叱《しか》っているだけだ。それでは、生まれるのは反発心だけ。怒声と忠告は違う。

あくまで相手の人生に、成長にプラスになることを、相手の心に染み入るように静かに忠告する。リーダーはとりわけ、心がけておきたい。

27

尊敬できるライバルを持つ

いまだかつて一度も敵を
作ったことのないような人間は、
決して友人を持つことはない。

アルフレッド・テニスン／イギリスの詩人

5年後も部下の人

とくに意識するライバルがいない。
あこがれを持つ人はいるが、
それを見習おうとはせず、
妬《ねた》みを持っている。

5年後のリーダー

ポジティブな気持ちになれるような人を選んでつき合っている。
目標とするライバルがいて、
そのライバルからよい刺激をもらっている。

私を真剣に引きとめたのは、いけ好かない天敵だった

お互い高め合えるようなライバル、一緒にいると元気をもらえるライバル、尊敬できるライバル……。そんな人が持てたら幸せだ。

一方、ネガティブなオーラを持っている人、人の悪口や不平不満ばかり言っている人は、敬して遠ざけておくべきだろう。**わざわざ敵を作る必要はないが、人を選んでつき合うことが大切だ。**

じつは、私の日産時代にも、周りからライバルと目されていた同期のMがいた。

Mは、東大出身で、とてもカッコいい。脚は長いし、スタイルもいい、そしてイケメン。もちろん、頭は切れる。

さらに、私と違って、完全に初めからエリートコースに乗っていた。幹部候補生として、重要な部署を経験させられていた。

新人研修で初めて顔を合わせたとき、一目で「あ、こいつできるな」と感じた。だが、それとともに「イヤなやつ」とも思った。かっこいいイケメンは、私とは真逆のタイプだからだ。

案の定、研修中に色々な場面で議論をしていても、ことごとく意見が対立した。Mの言うことは、よく言えば非常に論理的、悪く言えば冷めた意見が多かった。しかし、私はその「冷たさ」に大きな違和感を覚えていた。

人としての肌合いが、根っこのところで違う。

そう感じながら、一方で「こいつだけには負けたくない」というライバル意識が芽生えていた。皆からも「Mは岩田の天敵だな」とよく言われていた。

研修後の配属先は別々だったが、やがて私と同じように、彼も車のセールスの最前線に出された。

同期の仲間内で情報交換をしていると、当然Mの販売実績の噂も耳に入ってくる。聞けば、女子大生と仲よくなって夜な夜な合コンパーティーを開き、そこで人脈を作って車を売っているという。一軒一軒、汗をかきながら飛び込み訪問していた私とは、発想そのものがまるきり違うのだ。

軟派ではあるけれど、仕事ではスマートに結果として実績を残す。車のセールスに関しても、たしかMも社長賞をもらっていたはずだ。

本当に私からすれば、いけ好かない「東大出のチャラ男」だったのだ。

だが、そんなMが、私が日産を辞めると伝えたとき、真剣な顔で私を引き止めた。

「岩田、なんで日産を辞めるんだ！」

顔を真っ赤にして、叱るような口調でそう言った。

ほかの同期たちが「頑張れよ」とか「寂しくなるね」などと当たり障《さわ》りのないことを言う中で、Mだけが私に感情的な言葉をぶつけてきた。私を上から目線で見るようなところもあった、あのMが……。

私にとっては意外だったが、そしてこうも思った。

「あぁ、オレを認めてくれていたんだな」と。

その後、Mとは連絡を取ることもないが、きっと彼なりのやり方で出世の階段を駆《か》け上がっていることだと思う。

「競い合うことで、自分も相手も成長させる相手、それがライバルだ！」

ロココ・ウルパ／アニメキャラクター（「イナズマイレブン」より）

28

孤独は人を練り上げる

最上の思考は孤独のうちになされ、
最低の思考は騒動のうちになされる。

トーマス・アルバ・エジソン

5年後も部下の人

人と群れるのが好き。
空疎《くうそ》な、その場限りのつき合いに、
時間を費《つい》やしている。

5年後のリーダー

決して人間嫌いではないが、
ときには孤独を愛する。
一人静かに自省する時間を持っている。

孤独になれるか、嫌な人を身近に置けるか

人は「絆《きずな》」とか「つながり」を求め、孤独を嫌う。何かとつながっていないと不安で仕方がないからだろう。

しかし、孤独を恐れてはならない。群れから離れて、一人静かに考える時間を持たなければならない。

「自分は、いったい何者で、どこから来たのか？　これからどこへ行くのか？」

こういったことを、ときにはじっくり考えないといけない。

つながりを求めるにしても、自分を高めてくれ、よい刺激を与えてくれる人となら積極的につき合っていくべきだ。人の悪口や不平不満ばかり言っている人たちとは、でき

るだけ距離を置いて近づかないようにしたほうがいい。

「グチや悪口は不幸を呼ぶ呪文である。決して口にしてはいけない」

ジョセフ・マーフィー

「経営者（リーダー）は孤独」とよく言われる。

そのせいか経営者は、どうしても周りに、自分にへつらう人を置いてしまう。ワンマン企業にありがちだが、社長の周囲には、ゴキゲン取りの人間しかいないという場合も多い。

ところが、社長交代が決まると、こういう人たちが豹変《ひょうへん》するのである。突然、前社長の悪口を言い出したり、新社長に慌《あわ》てて近づいていったりする。

私自身、経営者のとき、信頼して抜擢《ばってき》した人が、私を追い落とそうと裏で画策《かくさく》していたことを後で知り、愕然《がくぜん》としたこともある。人間というのは、本当にわからない。

もちろん、これは極端な例だが、人はどうしても、自分に心地よい人間とばかりつき

合ってしまう。プライベートの場合はそれでよいかもしれないが、こと会社やチームに関してはこれではいけない。

本来、選択の基準は、会社やチームのための人選であるか否かだ。達成すべきミッションと照らし合わせたときに、それに必要な人材をそろえなければならない。

誰しも、自分とウマが合わない人間を、近くに置いておきたくはないものだ。しかし、もしそれが必要な人材なら、自分の好き嫌いではなく、最適な組織作りに加えないといけない。超一流のリーダーは、それをしっかりやっている。仲よしクラブでは、決して強い組織は作れない。

つまり、そういうときこそ、リーダーの度量が試される。リーダーの個人的な感情ではなく、本質的な目的と照らし合わせたときに適材を起用できるか。

「あいつは、いつもうるさいやつだけど、言うことは正しいんだよな」という人間を許容できるかは、経営者の度量の問題だ。気に入らない相手に対しても、場合によっては三顧《さんこ》の礼《れい》で招聘《しょうへい》しないといけない。別に、プライベートで親しくつき合う必要はない。ビジネスライクに仕事上で、しっかり連携《れんけい》プレーができればよい。

派閥を作る人も多いが、やはりリーダーは、周りの人と少し距離を取って、親しくしすぎないようにすることも大切だ。**自分に忠実な人ではなく、仕事（組織）に忠実な人を自分の周りに集めることに注力をしなければならない。**

そういう意味でも、リーダーは**孤立をしてはいけないが、孤独を愛せないといけないのだ。**

「多数に追随《ついずい》すれば必ず自分を見失う。孤独を恐れず、したいことを続けるしかない」

安藤忠雄《あんどうただお》／建築家

29

できるだけいつも「自然体」で接する

幸運の女神は笑顔と
謙虚な人のところに近寄ってくる。

王貞治《おうさだはる》／元野球選手、監督

5年後も部下の人

上司には卑屈《ひくつ》にへりくだるのに、
部下や取引先にはとても傲慢に接する。
人との接し方に表裏がある。

5年後のリーダー

誰に対しても丁寧な対応をする。
どんなに偉くなっても謙虚さを失わない。
言うべきことは、相手がどんな人であっても、はっきり物申す。
しかし、いつも笑顔を絶やさない。

虚勢を張らないし、自分を卑下《ひげ》もしない

私は、相手によって態度を大きく変える人が嫌いだ。上に対しては媚《こ》びへつらい、下には偉そうにする。そういった人が好きになれない。だから、自分はできるだけ目下の人に対しても、目上の人と同じように丁寧に接するようにしている。

上から見た評価と、下から見た評価が違う人は、なんとなく信用が置けない。だから人を評価するときは、色々な人から意見を聞いたほうがいい。

「人によってお辞儀《じぎ》の角度を変えてはいけない」

山崎豊子《やまざきとよこ》／作家

私が大事にしていることの一つは、「できるだけいつも自然体でいること」だ。自然体とは、自分を卑下することもしないし、大きく見せることもしないということだ。誰に対しても、無理をせず、肩に力を入れずに振る舞い、同じように接する。自分にとっての自然体が、もし人に不快感を与えるとしたら、もちろん改めるように努力する。そのためには、いつも謙虚な気持ちを持って、自分を修めるように努力していこうと思っている。

自分に自信がない人ほど虚勢を張る。

ある女性社長と駐車場でばったり会ったときのことだ。

「私の家には、別の大きいクルマがあるのよ」

いきなりそう告げられ、さらに高級車のブランド名を言い添えた。たしかに、そのときの彼女のクルマは小さかったが、私はとてもびっくりした。そんなこと、私は気にも留めていなかったのに、いきなりそう言われたからだ。

彼女は、いつも高級ブランドのスーツを着ている人でもあったが、クルマの大きさや高級スーツを身にまとうことと、人間の価値とは何の関係もない。

むしろ、そういったものに頼ろうとするのは、自信がない表れだと思う。

「誰に対しても敬意をもって謙虚に接する」

「相手によって態度を変えずに自然体で接する」

私は、そういった人を目指したいと思う。


「謙虚さは周囲の人の助けを得るのに重要な役割を果たす。二流の人は謙虚さを過小評価している。一流の人は謙虚さをいつも心がけている」

スティーブ・シーボルド／アメリカの経営コンサルタント

虚勢を張る必要はない一方で、自分をあまりに卑下しないことも大切だ。

あるとき、友人の国会議員が主催する朝食会に参加した。ゲストスピーカーとして呼ばれていた党首は、スピーチをこう始めた。

「私は人前で話をするのが苦手なんです」

その政治家は、東大法学部から官僚になり、その後ある政党のトップまで登りつめた人だ。本人としては謙遜《けんそん》のつもりだったのかもしれないが、私は驚き、そして少しがっかりした。せっかく早起きして話を聞こうと楽しみにしていたのに、いきなりそれはないだろうと思った。政治家の大きな仕事は、自分の所信を人に伝えることではないか？

よくスピーチや会議の冒頭で「スピーチに慣れていないので」「話し下手《べた》なので」などと言い訳する人がいる。**私は、そんな言い訳は、言わないほうがよいと思っている。**言い訳を前振りしておけば、内容が悪くても許されると考えるのかもしれないが、聞かされる相手に失礼ではないか。

傲慢になってはいけないが、「自分を卑下しすぎない」ことも大切だと思う。

30

相手に対して心からの敬意を持つ

お世辞を言うは容易なるも、
真に賛美《さんび》するは難事《なんじ》なり。

ヘンリー・デイヴィッド・ソロー／アメリカの作家

5年後も部下の人

見え透いたお世辞ばかり言う。
言葉とは裏腹に、
相手を心の中ではバカにして、
陰で悪口を言っている。

5年後のリーダー

本当に相手に敬意を持っているので、
心から褒めることができる。
たとえ部下でも、
よいところは見習おうと思っている。
決して人の悪口は言わない。

一人の大人として敬意を持つのは当然のこと

私は、誰に対しても態度を変えずに、同じように接することができる人が好きだ。自分もそうありたいと思っている。

とくにそれを意識するようになったのは、日産自動車から初めて転職したときだ。日産のような大企業では、「新卒入社年次」というわかりやすい上下関係がある。目上の人にはもちろん敬語、同期や下の年次の人にはフランクな言葉づかいだった。

ところが、中途入社の会社では、同じ歳の同期はいないし、年下の人でも役職や仕事の面では先輩になる人もいる。さて、どうするかと、接し方に迷ったときがあった。

そこで、自分はその会社では新人だし、色々なことを教えてもらわないといけない立場なので、年下や役職が下の人にも、丁寧に接することに決めた。もともと相手によって態度を変えることが好きではなかったので、「誰に対しても丁寧に接する」ことに決めたのだ。

基本的には、誰に対しても「さん」づけで呼び、どんなに若い人に対しても呼び捨てにはせずに、最低でも「くん」をつけることにしていた。

最近は転職も盛んなので、新しい会社に移ったときに、人間関係に戸惑う人がいるかもしれない。また、年功序列でなく成果主義の会社では、これまでの部下が、ある日突然上司になることもあるし、当然その逆もある。

「くん」と呼んでいた部下が上司になったときに、いきなり「さん」に変えなくてはならず、また年上の人が部下になったときに、急に「くん」づけをするのも変だ。つねに「さん」づけなら、そんな不便もない。

部下によって「さん」と「くん」を使い分けていると、なぜ差をつけるのかと詮索《せんさく》させることにもなる。

対人関係の基本は相手に敬意を持つことだ。それは年下であっても、部下であっても変わらない。

仕事を離れれば、それぞれの人生を抱えた立派な大人だ。その大人に敬意を払うことは当たり前なことだと思う。

会社での役職、社会的なポジション、金持ちであるとか有名であるとか、そういうことは、その人の本質とは関係のない「飾り」のようなもの。

誰に対しても尊敬の念を持って接する。じつはこれが人間関係、いや人としての大切な基本だと思う。

「人は誰でも、他人よりも何らかの点で優れていると考えていることを忘れてはならない。相手の心を確実につかむ方法は、相手が相手なりの重要人物であるとそれとなく、あるいは心から認めてあげることである」

デール・カーネギー

Chapter
4

MONEY&TIME

5年後のリーダーが心がける
お金と時間の使い方

31

貯金は手段。まずは年収分を貯めよう

お金というものは、
幸福になるための手段であって、
目的ではない。

ジョセフ・マーフィー

5年後も部下の人

お金を貯めること自体が目的となってしまう。
必要なことまでケチる。
安物買いの銭失いで、
つい衝動買いすることも多い。

5年後のリーダー

目的を持って貯金する。
お金は幸せになる一つの手段にすぎない、
と思っているので、
自分への投資や人のためには、
思い切った金額を使うことができる。

まずは一年分の蓄《たくわ》えが、お金から自由になれる目安

お金は稼《かせ》ぐより、使うほうが難しいとよく言われる。お金の使い道で優先すべきは、自分への投資だ。これこそ最も効率のよい投資だ。

とくに若いときの投資は、複利で大きなリターンがある。身銭を切って本を読んだり、セミナーに参加したり、あるいはジムに通って心身ともに鍛《きた》える。飲み代や衣服代などのお金は節約しても、自分への投資は思い切っておこなうべきだ。

自分への投資は惜しみなくするが、それ以外は質素倹約して、**できるだけ早く年収分の貯金をしてしまうことをおすすめする。**早めにある程度のお金を貯めることで、人はお金から自由になれる。

お金から自由になることで、どんなに気持ちが楽になることか。お金があれば、どうしてもやりたくない仕事は断れるかもしれない。お金のために魂を売らなくても済むか

もしれない。一番の貴重な資源である時間を節約するために、会社の近くに住めるかもしれない。

なぜ、年収分の貯金が必要なのか?

それは仮に今の仕事を辞めても、一年間は食っていけるからだ。一年間あれば次の準備がしっかりできる。

「ある程度までのところ、所有が人間をいっそう独立的に自由にするが、一段と進むと所有が主人となり、所有者が奴隷《どれい》となる」

フリードリヒ・ヴィルヘルム・ニーチェ

私は車のセールスマン時代、色々な家庭を訪問したが、お金持ちかどうかと幸せそうかどうかには、あまり相関関係があるようには見えなかった。

どんなに大きなお屋敷に住んでいても、家族がいがみ合っている家庭があった一方、六畳二間のアパートに家族四人で暮らしていても、仲睦《なかむつ》まじくとても幸せそうに見える家庭もあった。

お金はあるに越したことはないが、お金があるから幸せになれるとは限らない。ある程度お金があれば、あとは家族や友人たちと楽しい時間が過ごせることが最大の幸せだと思う。

お金というものは追いかけると逃げていくものであり、地道に頑張っていれば、あとからお金もついてくるものだ。

ただし「お金に執着《しゅうちゃく》するのは恥ずかしい」と、極端に考えるのもどうかと思う。生活していくためだけではなく、将来的には家族を守り、病気や震災などのリスクへの備えとしても、お金は必要だ。

私は、いつも背伸びして家を買い換え、住宅ローンを背負うことが、よい意味でプレッシャーとなり、もっと上の世界を目指して頑張ることができた気がする。

ただし、転職する度に給料は増えていき、「給料が増えた分を全部貯金に回したら、あっと言う間にお金が貯まって、住宅ローンなんかも簡単に返せてしまう」などと考えていたが、実際にはさほど変化は感じられなかった。

日本の税制は累進課税《るいしんかぜい》なので、給料が増えてもその分、税率も高くなっていく。だから、思っていたほど手取りの金額は増えない。
逆に、色々な扶養控除《ふようこうじょ》や住宅ローン控除などの恩典《おんてん》もなくなっていき、想像していたような生活の変化はなかった。

「二〇代のころより一〇倍金持ちになったという六〇代の人間を見つけることは簡単だ。だが、そのうちの誰もが一〇倍幸せになったとは言わないはずだ」

ジョージ・バーナード・ショー／アイルランドの作家

お金は目的ではなく、手段であることを忘れてはならない。

32

「死に金」となる使い方をしない

金を稼ごうと思ったら、
金を使わなければならない。

ティトゥス・マッキウス・プラウトゥス／古代ローマの劇作家

5年後も部下の人

変にお金に細かい。
部下や年少者に対しても、つねに割り勘。
ブランド品が大好きで見栄でものを買ってしまう。

5年後のリーダー

飲み会などでは、自分が多めに出す。
自分には思い切った投資をする。
一生使えるよいものにはお金を惜しまない。

お金の使い方は若いうちに身につける

お金の使い方に、その人の人間性が出る。品よく効果的なお金の使い方を、ぜひ身につけたいものだ。

お金の使い方については、企業のように、投資と経費は分けて考えるとよいかもしれない。投資は、絶対的な投資金額ではなく、投資金額と得られるベネフィットの割合、つまり投資効率が大切だ。一方、経費はできるだけ少ないほうがいいので、一円でも節約することを考えないといけない。お金を使うときに、これは投資なのか経費なのかということをまず意識すべきだ。

人にプレゼントするときも、その人の金銭感覚が出る。私は、人に何かをプレゼントするときは、その実際の金額の半分だと思ってプレゼントする。人から何かをプレゼントされたら、実際の倍の金額のものをもらったと思って感謝する。それぐらいで、ちょうどバランスが取れる。

どうしても人に施したときは過大評価し、施しを受けたときは過小評価してしまう。だから、これぐらいがちょうどよい。


「金だけが人生ではない。が、金がない人生もまた人生とは言えない。十分な金がなければ、人生の可能性のうち半分は締め出されてしまう」

サマセット・モーム／イギリスの作家

「キミは貯金をしていますか？」

――一応、毎月少しずつですが、しています。

「それはいいね。では、どんな理由でしているの？」

――貯金する理由……なんとなく将来が不安だから、でしょうか？

「せっかく貯金をするなら、『なんとなく不安だから』というのではなく、もっと前向きな理由でするべきだよ。将来起業するためでも、留学費用を貯めるためでも構わないから。目標や夢の実現に向けての貯金こそ、前向きなお金の使い方だよ」

――前向きな貯金……僕のは後ろ向きな貯金になっていますね。

「あと、人生をより自由に生きるためにも、貯金は必要になってくるよ。とくにサラリーマンの場合、上司が理不尽であったり、どうしても納得がいかないことが起こったり、会社から法律に反するような命令をされることもあるかもしれない。そういうとき、会社を辞めたいと思っても、貯金がなければ我慢するしかないからね」

――結婚して、子どもが生まれたりしたら、なおさらですね……。

「そうだね。けれど、貯金をしていたら、社長や上司に『NO!』と言って会社を辞めても、すぐに生活に困ることはないよね。会社の奴隷になって、魂を売らなくても済むわけだ」

――やっぱり貯金は必要ですね。でも、給料は安いし、なかなか貯まりません……。

「若いうちは、給料が安いのは仕方ないけれど、お金の使い方を見直すといいかもしれないね。たとえば、保険なんか日本人は不必要に入りすぎているからね。お金は、自分の夢のためなら、思い切って使うべきだよ。私は、アメリカのビジネススクールへの留学を目指したとき、自分のマンションを売り払ってでも行こうと決心していたよ」

——ムダなことにはお金をかけず、必要なことには大胆に使うってことですね。

「そのとおり。自分の夢やミッションを遂行するために、また、自由を手に入れるためにも、しっかりと貯金をしておくべきだよ」

「若いときの自分は、金こそ人生でもっとも大切なものだと思っていた。今、歳を取ってみると、そのとおりだと知った」

オスカー・ワイルド／イギリスの作家

33

労働で評価されるべきは時間の長さより成果

仕事が早いから残業せずに済むのではなく、
残業しないと決めるから仕事が早くなる。

上野《うえの》和典《かずのり》／経営者

5年後も部下の人

昼間ぺチャクチャとムダ話をしているのに、
いつも夜遅くまでダラダラ仕事している。
労働時間の長さを自慢する。

5年後のリーダー

効率を一番に考えて、
できるだけ早く仕事を終わらせようとしている。
仕事が早く終わるので、
楽《ラク》しているように見られてしまう。
それでも成果はきちんと出す。

どれだけ効率を上げて、ムダな時間を減らせるか

様々な心理学の研究から、人間の集中力が続くのは二〇分だと言われている。もちろん、人によって若干の違いがあろうが、実感からしても納得できる。

経験上、二〇分以上集中していると、頭がとても疲れてくる。二〇分ごとに数分の休憩を入れると、集中力が持続できる。しかし、長く休みすぎても、また集中するのに時間がかかるので、効率が落ちてしまう。

高校までの授業時間は五〇分で、大学の授業は九〇分だが、その単位で仕事のまとまりを考えるとよいだろう。二時間以上のダラダラ会議は廃止すべきだ。

どうしても案件が多く、長くなってしまいそうなときには、二時間をめどに休憩を入れる工夫が必要だ。運転なども集中力が落ちる二時間をめどに、休息を取ることが推奨されている（カーナビもそうすすめてくれる）。

また、効率的に勉強や仕事をこなすためには、一日の中の自分のプライムタイム（仕事がはかどる時間帯）を知り、重要な仕事を割り当てる必要がある。

人間の生理を考えても、ほとんどの人にとって午前中がプライムタイムだ。睡眠で頭の活力が回復して、冴《さ》えている午前中に、できるだけ創造的な仕事や重要な仕事に集中すべきだ。

一般的に作家は、夜中にお酒でも飲みながら、不定期に執筆しているように想像するが、私が知っている限り、多作と言われる作家は毎日午前中の決まった時間に書いている人が多い。村上春樹さんは、日が落ちてからは執筆されないと聞く。

つねにいつまでにやるという自分の中での締め切り時間を決め、いつも残された時間と残された仕事量を意識して仕事すると、集中力が高まる。いつか終わればよいという仕事のやり方では、効率が上がらない。しかし、ほとんどの人はこのような仕事のやり方をしている。

効率を考える以上に、ムダな時間を減らしていくことも大切だ。時間のムダを省《はぶ》く一つの工夫として、クイックレスポンスの習慣を持つことだ。

私は、受信したメールには返事をすぐ打つと決めている。後回しにすると返信を忘れてしまうということもあるが、第一の理由は、フィードバックしないと、メールに書かれた事案の動きが止まってしまうからだ。受け取ったボールは、必ずすぐに投げ返し、自分の手に残しておかないようにしている。

組織の中でも、対外的なやり取りでも、レスポンスの速さは組織運営上とても重要だ。最低限の基本は、自分がメールを受け取ったかどうか、その受信確認の返信をすること。メールを見たのか、内容を理解したのか、詳しい返事をいつ返せるのかぐらいは、すぐに返すべきだ。私自身、返事がない取引先や編集者に、とてもイライラしてしまう。

それから、メールでもビジネス文書でも、まずは結論を書くことも徹底すべきだ。本文を最後まで読まなくても、イエスかノーか、何をしてほしいのかがわかるようにすべきだろう。

私は、社内メールやビジネス文書は、タイトルにできるだけテーマと結論は書くように指導していた。そうすれば、タイトルを見るだけで緊急度と重要度が判断でき、メールを読む優先順位を決められる。

「懇親会《こんしんかい》・出席の可否」なんて書いてあるのは後回しにして、「○○で重大クレーム発生・対策三案」とあるのを見つけると、真っ先に開封するだろう。
また、よく受け取るメールで、内容すべてを添付ファイルにしているのも、とても失礼に感じる。**メールを開く時間も惜しいのに、いちいち添付ファイルを開いて読まなければ内容がわからないなどは論外だ。**
もちろん「添付するな」とは言わないが、メール本文にその結論だけでも入れておくべきだ。最近はメールの受信をスマホでするケースが多いから、細々としたファイルをスマホで見る気にはならない。

「成果をあげる者は、仕事からスタートしない。時間からスタートする。計画からもスタートしない。時間が何にとられているかを明らかにすることからスタートする。次に時間を管理すべく、時間に対する非生産的な要求を退ける。そして最後にそうして得られた自由になる時間を大きくまとめる」

ピーター・ドラッカー

34

やれることはすぐやる

この地上で過ごせる時間には限りがあります。
本当に大事なことを本当に一生懸命できる機会は、
二つか三つくらいしかないのです。

スティーブ・ジョブズ

5年後も部下の人

明日やればなんとかなると、どんどん先延ばしをする。
結局、何も仕上げることができない。
優先順位を考えないので、重要なことが後回しになり、
雑事で一日が終わってしまう。

5年後のリーダー

できることはすぐやってしまう。
イヤなことでも先延ばしをしない。
どんどん先回りして仕事を片づける。
優先順位づけをして、大切なことに時間をかける。

仕事の瞬発力・機敏性《きびんせい》は若いうちに養う

誰にも必ず明日が来る保証はない……。それほど深刻ではなくても、今日できることを明日に延ばしてできる保証はどこにもない。

明日はまた別のやるべきことが起こるかもしれない。そもそも何をやらなくてはいけなかったかを忘れてしまうかもしれない。そうやって先延ばしをしているあいだに、たいして緊急でなかった仕事が、緊急な仕事になってしまうこともある。

思い立ったが吉日。**やれることはすぐやる癖をつける俊敏性《しゅんびんせい》を養うことが大切だ。**

物事を重要度と緊急度の二軸で分けると、重要・緊急、非重要・緊急、重要・非緊急、非重要・非緊急の四つのカテゴリーができる。もちろん、重要で緊急なことはすぐにしてしまわないといけないのだが、問題は重要であるけれど緊急ではないことだ。

大切なことはわかっているのだが、ついつい先延ばしをしてしまう。これをきちんとやっておかないと、将来緊急なことが増えてしまう。

できるだけ不必要なこと、つまり重要ではなく緊急ではないことをしないようにする工夫が大切だ。できれば誰かに頼んだりして、無意味な雑事（無用なおつき合いも）は減らしていくに限る。

そのためには、普段から緊急ではないが、重要なことに意識的に取り組んでおかないといけない。

「戦略を考える」「ミッションを作成する」「計画を立てる」「部下とコミュニケーションを図る」「家族サービスをする」など、今すぐやらなくても問題は出てこないが、これをきちんとやっておかないと将来「緊急かつ重要なこと」が増えてしまう。

こうした優先順位を考える意識はいつも必要だが、一方で若いうちは、フットワークのよさも大切だ。上司や取引先に何か頼まれたときは、とくに機敏に反応すべきだ。

「あとでいいからやっといて」とか「お時間のあるときで結構です」と言われても、すぐ対応することで、とても感謝され、相手からの信用が増す。同じやるにしても、すぐやっておけば、効果は倍増する。

組織人としての仕事は、多かれ少なかれ、必ず人と関わっている。お客様あっての仕事であり、他部門との連携あっての仕事であり、上司あっての仕事。そして、一緒にチームを組む同僚あっての仕事だ。

人がからむ仕事では、自分の都合優先というわけにはいかない。とくに、権限も裁量もない若い時代はなおさらだ。

大切なのは、出だしの「瞬発力」と「機敏性」。

少し仕事に慣れてくると、仕事の進め方にもある程度、要領を覚えてくる。すると、緊急性を要しないことは後回しにしようと考える。じつは、この「あとで」がクセモノだ。

やらなければいけないことを、「これはあの作業をやるときに、ついでにやればいいか」と思ったりする。しかし、その「ついで」がついでにならないことが、往々にしてある。仕事が忙しいときほどそうだ。ついでにやることを忘れて、結果、リカバリーのために余計なことまでやるはめになってしまうのだ。

「あとで」や「ついで」と考えるのも、優先順位づけだが、ありがちなのは、その「あとで」が、本当に優先順位づけの基準あっての話ではなくて、今やるのが面倒だから後回しにする、いわば怠惰《たいだ》でしかないケースだ。

この仕事の瞬発力は、経営者の資質の一つといってもいい。私が知っている経営者、とくに創業経営者は、何か相談をすれば、その話が終わるか終わらないかのうちに、電話を取って、しかるべき人に話をつけてくれる。忘れてしまうことのリスクや、すぐやることのスピード感の重要性を腹の底から理解しているからだ。

「『何をなすべきか、いかになすべきか』をのみ考えていたら、何もしないうちにどれだけ多くの歳月が経ってしまうことだろう」

ヨハン・ヴォルフガング・フォン・ゲーテ

若いうちから、素地《そじ》として機敏性は養っておく必要がある。いい意味で「尻軽」になることだ。

言われたらすぐ動く。思い立ったら走り出す。若いころは、それでいい。多少ドタバタになったとしても、その経験が、経営者としての瞬発力になるのだ。

35

空き時間をムダにするか
活用するか

「時」の歩みは三重である。
未来はためらいつつ近づき、
現在は矢のように速く飛び去り、
過去は永久に静かに立っている。

フリードリヒ・フォン・シラー／ドイツの詩人

5年後も部下の人

年中ネットサーフィンをしたり、スマホをいじったりしている。
時間に対する意識が低く、永遠に時間が残されているかのごとく振る舞う。

5年後のリーダー

一〇分の空き時間で本を読む。
隙間時間にメールの処理など雑用を片づける。
時間が何よりも貴重な資源であることを自覚している。

隙間時間でインプットし、まとまった時間でアウトプットせよ

能力や家柄は、生まれたときに必ずしも平等ではないが、時間だけは万人に対して平等だ。この限られた時間を有効活用することで、能力や家柄のハンデを克服できる。成功する人は、時間の使い方がうまい。

時間を有効活用するためには、まず待ち合わせや移動時間、仕事と仕事の合間などの隙間時間を活用することが、とても大切だ。

アウトプットにはまとまった時間が必要だが、インプットは短時間でできる。短い空き時間には、新聞を読んだり、英単語を覚えたりするようなインプットをする。

あるいは、あまり頭を使わずにできる雑務、たとえばメールやファイルの整理などに時間をあてるとよい。ちょっとした隙間時間を有効活用するかどうかで、長い目で見ると、とても大きな差が出てくる。

そうした隙間時間を有効活用するためには、その準備もしておかなければならない。待ち合わせなどは、相手が遅れてくることも想定して、本を一冊カバンに入れておくとか、単語帳をポケットに入れておくような準備も欠かせない。

ほかにも、電車での移動時間、行列店での順番待ち、トイレやお風呂の中などの隙間時間に、すぐ何かできる準備をしておくことが大切だ。**時間を有効に活用しようと決心さえすれば、待ち時間やムダと思える時間も、貴重な時間に変わっていく。**人は、どんな環境であろうと、やる気さえあれば、時間を有効活用できるのだ。

細かなことでも、倦まず弛まず、自分がやるべきことを愚直に続ける。これしか成功の道はない。

「人生という試合で、最も重要なのは休憩時間の得点である」

ナポレオン・ボナパルト

目の前の仕事は、全力投球で一所懸命こなし実績を上げる。

一方で、次を見据えて、地道に準備をする。若いころは、こういう気持ちで毎日を有意義に過ごすことが大切だ。

「明日死ぬかのように生きよ。永遠に生きるかのように学べ」

マハトマ・ガンディー

私は、優秀な経営者の中で、いわゆる「おっとりした」経営者は見たことがない。例外なく皆せっかちで、時間をムダにすることをとても嫌う。それは、時間こそが最も貴重な経営資源であることを知っているからだ。

私は、企業の中で一番希少《きしょう》な資源は「社長の時間」だと考えている。トップが組織にとっての最重要事項に、いかに多くの時間を使うかがとても大切だ。

ついつい雑事に追われて、本当にトップがすべきことに時間が割けていないことが多い。できるだけ雑事は人に任せて、本来の仕事に没頭すべきだ。

知り合いの上場企業の社長で、自分で出張を手配するのが好きな人がいる。趣味だと言われれば仕方ないが、やはり秘書にやらせるべきだ。

時間をお金で買うという発想も必要だ。

たとえば、私は飛行機より新幹線、しかも普通車ではなくてグリーン車を使うようにしている。飛行機は時間が分断されるし、シートは狭く、揺れるため、仕事をするには向かない。

グリーン車は贅沢《ぜいたく》なように見えても、動く書斎（椅子はゆったりして、パソコンの電源もあり、ほとんどの場合、隣席は空いていて一席オマケについてくる）だと考えれば安いものだ。貴重な移動時間を有意義に使うための投資だと考えればよい。

もっとも、グリーン車でずっと寝ているようでは、まったく意味はないが……。

36

朝型の規則正しい生活をする

朝寝をする人間で、
いっぱしの人間になった者など一人もいない。

ジョナサン・スウィフト／アイルランドの作家

5年後も部下の人

寝る時間も起きる時間も不規則。
一定した生活リズムがない。
深夜番組やチャットで夜遅くまで起きている。

5年後のリーダー

毎日、決まった時間に起き、
決まった時間に寝ることを習慣化している。
基本は朝型である。
読書や散歩などを、
生活の中に組み込んで習慣化している。

一時間の夜ふかしが翌一日分の仕事を潰す

時間は有限だから、何もアウトプットを生まないムダな時間をけずり、本来やるべきことに活用できる時間を増やすことが大切だ。一方、時間そのものの質についても、強く意識したほうがよい。

まずは活動している時間を有効活用するために、できるだけ規則正しい生活を送るようにして、**自分の頭が最も冴えているプライムタイム（効率の上がる時間）を増やす努力をすることが必要だ。**そのプライムタイムは一般的には午前中だが、人それぞれのバイオリズムが違うので、まずは自分のリズムを知り、その最も頭の冴えている時間帯に、一番大切なことをするようにすべきだ。

私の場合、どんなに仕事が忙しくても、できるだけ睡眠はしっかり取るようにしている。かつて短時間睡眠法がブームになったが、最低でも六時間から七時間は寝たほうがよいと思う。

私は午前中がプライムタイムなので、その日の仕事の八割を午前中に片づけるようにしている。疲れた頭の夜の二時間より、十分な睡眠を取った朝の三〇分のほうが、確実に仕事がはかどる。

朝は頭が冴えているので、難しい案件や報告書の作成などにチャレンジする気力が出る。私は、午前中を執筆やビジネススクールの準備にあてるようにしている。

午後からは、できるだけ人との面談や移動にあてるようにしている。とくに夕方は眠くなるので、散歩したり、ゴルフの打ちっ放しに行ったりして、積極的に体を動かすようにしている。

また、昼食後も眠くなるときがあるが、ほんの短時間だけ昼寝をすると、午後からでも頭が働き、もう一つプライムタイムができる。


「朝寝は時間の出費である。しかも、これほど高価な出費はほかにない」

アンドリュー・カーネギー／アメリカの実業家

小学生に言うようなことだが、毎日の規則正しい生活のリズムをいかに維持するかがとても大切だ。若いときは、私生活では体力任せで無茶をしがちだ。終電まで飲んで睡眠不足だと、やはり翌日かなり集中力が落ちてしまう。**ときには羽目を外すのもよいが、できるだけきちんとした規則正しい生活を心がけるべきだ。**

「仕事さえきちんとやっていれば、オフタイムはどう過ごそうが自由」

そう考える人もいるが、二日酔いや睡眠不足が日中の仕事にも影響するのは言うまでもない。給料をもらっているのだというプロ意識があれば、体調管理をしっかりするのは常識だ。つねにベストな状態で仕事にのぞむべきだ。

「時間を最も有効に利用した者に、最も立派な仕事ができる」

嘉納治五郎《かのうじごろう》／柔道家

私は若いころから、基本的には夜の一二時には寝るようにしている。少し油断して深夜一時ごろまで起きていると、翌日の調子が確実に悪くなってしまう。睡眠時間が一時間けずられただけで、翌日丸一日の頭の働きが落ちてしまう。

仮に、日中の活動時間が八時間だとすれば、深夜の疲れた一時間の延長のために、日中の八時間を犠牲にしているようなものだ。

私も、社長時代には宴席も時にあったが、二次会はだいたいお断りしていた。**あまり意味のないおつき合いと、自らの体調管理をはかりにかければ、経営者としての判断は自ずと明らかだ。**

生活の中にリズムを作るために、適度な運動を加えることもとても大切だ。誰しも散歩は体によいとわかっていても、ついつい色々な言い訳をして、サボってしまう。私はそれを避けるために、犬を飼って、朝晩の散歩のお供としている。どんなに言い訳をしても愛犬は許してくれないからだ。

37

仕事のできる人は息抜きもうまい

ほどよい怠《なま》けは生活に風味《ふうみ》を添える。

梶井基次郎《かじいもとじろう》／作家

5年後も部下の人

メリハリが利いた生活をしていない。
たいしたアウトプットもないのに、長時間働いている。
週末も家でダラダラしている。

5年後のリーダー

オンとオフがはっきりしていて、
平日は仕事に集中し、休みの日には思い切って遊ぶ。
色々なことに好奇心を持っていて、人間の幅が広い。

どんなに忙しくても週に一度は休むべき

中国の古典『後漢書《ごかんじょ》』に「壺中《こちゅう》の天《てん》」という話がある。

「方士《ほうし》（古代の中国において医術や錬金術《れんきんじゅつ》などの方術をおこなった人）の費長房《ひちょうぼう》という者は、一時、監視の役人を務めていたが、彼が市役所の二階から下を見ていると、城壁沿いに露天商人が店を並べている。一人の老翁《ろうおう》が夕方になって店をしまうのを見ていると、その老翁が後ろの城壁にかけてある壺《つぼ》の中に隠《かく》れて消えた。

彼は『ああいうのが仙人だな』と見届けると、翌日、待ち構えていて、老翁が店をたたむとき、そこへ行って『私は昨日、あなたが壺の中に消えたところを見たが、あなたは仙人だろう。ぜひ私も連れていってほしい』と強談判《こわだんぱん》に及んだ。

では、ということになって、ふと気がつくと、非常に景色のよいところへ出た。そこに金殿玉楼《きんでんぎょくろう》があり、その中へ案内されて、大いに歓待を受けて帰されたという」

陽明学者の安岡正篤《やすおかまさひろ》先生は、この話を受けて、ご高著の中で次のように書かれていた。

「有名な宋《そう》の『雲笈七籤《うんきゅうしちせん》』にも、似たような記事があります。人間は、どんな境地にありましても、自分だけの内面世界は作り得られる。いかなる壺中の天を持つかによって、人の風致《ふうち》が決まるものです。

案外な人が、案外な隠し芸を持っている。あるいは、文学の造詣《ぞうけい》があるとか、音楽・芸術に達しているとか、信念・信仰を持っているとか、こうしたことによって、意に満たぬ俗生活から救われていることがよくあります。そうした壺中の天は、なかなか奥ゆかしいものです」

人間、いつも緊張ばかりしていては、精神的にも肉体的にももたない。つねに自分自身を取り戻すことができる場所や時間が必要だ。

趣味を楽しんだり、スポーツで汗を流したりすることも大切だ。ときどきは、山や海、森などの自然に触れ、心身ともにリフレッシュさせるとよい。

「人間が完全に自然から離れることはない。あくまで人間は自然の一部だ」

エーリッヒ・フロム／ドイツの社会心理学者

人類が誕生して六〇〇万年。直接の祖先である現生人類が、アフリカから世界中に広まっていったのが五万年前と言われている。人類が今日のような生活様式を始めて数千年あるかどうか。**つまり、人間は今も昔も、自然とともに生き、自然の一部であるという自覚が必要だ。**

日の出とともに起き、日の入りとともに体を休める。きっと、灯りのないころは、こうしていたのだろう。人間としての本質的なことは、そう簡単に変わらない。自分たちも自然の一部であるという自覚も持ち続けないといけない。

「眠りには素晴らしいものが用意されている。素晴らしい目覚めがそれである。だが、素晴らしい眠りなど在《あ》りはしない」

アンドレ・ジッド／フランスの文豪

睡眠も、レム睡眠とノンレム睡眠を九〇分単位で繰り返しているので、六時間、七時間半、九時間の睡眠時間を確保するとよいそうだ。

一週間という単位も、ずっと昔に我々が身につけた生活リズムだ。その生活リズムを崩さないように、どんなに忙しくても、週に一度はゆっくり休み、リフレッシュする機会を持つべきだ。

38

読書にはお金と時間を費やす

作家は本を始めるだけだ。
読者が完成させる。

サミュエル・ジョンソン／イギリスの文学者

5年後も部下の人

自己啓発やセミナーなど、自分自身に投資しない。
本は図書館や友人から借りる。
買った本でもすぐ売り払ってしまう。
そもそもあまり本を読まない。

5年後のリーダー

自己投資を惜しまない。
本は身銭を切って買い、繰り返し読む。
さらに、自分の意見や感想を欄外《らんがい》に書き込み、
本をいい意味で汚し、自分の一部としている。

本は買うべし

最近、本がますます売れなくなっていると聞く。その一方で書店には毎日、新刊が山のように届けられている。ビジネス書などは、売り上げが一〇万部を超える確率は、たった〇・四％らしい。そんなに売れなくなったのに、なぜ新刊が出てくるのか？

一説によると、それは出版社の事情によるものだと言う。出版社は、とりあえず本を出してしまえば、取次から現金が入ってくる。返本制度があるため、本は少しずつ返本されてくるが、キャッシュフロー的には先に現金が入ってくる。今は経営的に苦しい出版社が多いので、キャッシュフローを回すために、今日も新刊が書店に並ぶ……。

たしかに、精魂《せいこん》込めて書いた本でも、あまり売れないことは私も実感している。「それはあなたの本が面白くないからだ」と言われれば、そのとおりである。

ただ、私も一読者として、本を読まない人を見るととても残念に思える。本はわずか千数百円で色々な情報が詰まっているし、小説などでは様々なことが疑似《ぎじ》体験できる。専門家が何十年もかけて考えた内容が、一冊の本の中に凝縮《ぎょうしゅく》されているのだ。

また、**本は身銭を切って買うべきだ。**図書館や他人から借りた本だと、線を引いたり書き込みをしたりすることができない。読み捨ての雑誌や小説などはまだいいかもしれないが、本から何かを学ぼうとするなら、線を引いたり書き込みをしたりして、本を自分流に汚さなければダメだと思う。

誰しも学校の教科書には、内容を理解するために、線を引いたり、書き込みをしたりしたと思う。そうすることで、より強く記憶に残るし、あとで読み返したとき、マーカーを引いたところだけをパラパラと読めば、だいたい内容を思い出すこともできる。頭の中に何らかの「引っ掻《か》き傷《きず》」を残すような感じで読むとよい。

そして、よい本は繰り返し、繰り返し読むべきだ。これも学校の勉強と同じで、教科書を一回読んだくらいでは、まったく頭に入らなかったと思う。一〇回読んだとしても試験で満点を取れる人は少ないだろう。

最近はネットが発達し、大量の情報に触れることができる。しかし、ネットの情報というのは、広くて浅いものが大半だ。知性や精神を磨くものではなく、あくまでも情報収集、あるいは娯楽として捉えられるものだろう。どんなにネット社会が進んでも、本を読むという行為に代わるものではない。

私自身、最近は少し時間ができたので、毎日必ず本を読むことを習慣にしている。自宅の書斎でゆっくり読める日ばかりではないが、いつもカバンの中に何冊か忍ばせておき、待ち合わせや移動時間を利用して、すぐに本を開いて読んでいる。

また、本の読み方として、人としての「徳」を高めるための本と、スキルやハウツーなどの「才」を鍛えるための本とを、バランスよく読むことも心がけている。

「徳」を高める本は、「人としての品格を高めていく」ような本である。長期にわたりじわじわ効いてくるような「生き方」をテーマにしたものだ。私は、とくに上智大学名誉教授だった渡部昇一《わたなべしょういち》先生の本には、大きな影響を受けてきている（先日お亡くなりになりました。心からご冥福《めいふく》をお祈りします）。

渡部先生は英語学者だが、大学生のころイギリスの著述家フィリップ・ギルバート・ハマトンの『知的生活』（講談社）を読んで、本に囲まれる生活にあこがれたのが「知的生活」を志すスタートとなった。大ベストセラーになった『知的生活の方法』（講談社）や、ご専門の英語・言語に関する本、さらに自己啓発の本を多数書かれている。

私は、渡部先生が著した日本の現・近代史に関する一連の本によって、正しい歴史観を学ぶこともできた。

また「才」を鍛える本は、目の前の仕事や生活に役立つビジネス書だ。『ビジョナリーカンパニー』シリーズ（日経BP社）や、ドラッカー、話題になった経営者、大前研一さん、立花隆さん等の著作は、ほとんど読んでいる。

ビジネス書は「あ、いいな」と思ったら、その場で買うようにしている。何かピンと来るものがある本というのは、たとえすぐに読まなくても、何かの拍子《ひょうし》に必要になったり、読みたくなったりするものだからだ。

「よき書物を読むことは、過去の最もすぐれた人たちと会話をかわすようなものである」

ルネ・デカルト／フランスの哲学者

39

単に本を読めばいいというわけではない

人生は非常に短い。
しかも、その中の静かな時間はあまりに少ない。
私たちはつまらない本を読むことによって、
その一時間をも浪費すべきではない。

ジョン・ラスキン／イギリスの評論家

5年後も部下の人

ネットサーフィンばかりして、本を読まない。
たまに読んでも、最後まで読み切れない。
ハウツー書やお手軽な本ばかり読んでいる。

5年後のリーダー

本を読むことを習慣化している。
信頼できる著者の本を集中的に読んでいる。
古典などの人類の叡智《えいち》が詰まった本を読んでいる。

まずは古典・伝記を読み、名文を「まねぶ」

まず若い人におすすめするのは、自己啓発の古典中の古典であるデール・カーネギーの『人を動かす』『道は開ける』（以上、創元社）だ。

ジャンルとしては、伝記や自叙伝《じじょでん》も、今後の生き方の参考になる。スターバックス元CEOハワード・シュルツ、ザ・ボディショップ創業者アニータ・ロディック、アップル共同創業者スティーブ・ジョブズ、そしてパナソニック創業者の松下幸之助さんなど、彼らの伝記を読むと、とても面白いし、やる気と勇気をもらうことができる。

読書することの意味は「いかに自分が無知であるかを知ること」かもしれない。本を読めば読むほど、もっと勉強しなくてはという焦燥感と、次々と関心が広がり読書へのモチベーションがどんどん高まる。

また、インプット（読み）とアウトプット（書き）の両方を、バランスよく心がけることで、相乗効果により、双方の質を高め合うことができる。

どうしてもインプット偏重《へんちょう》になってしまうが、日記や手紙などのアウトプットも意識的におこなうとよい。私も本を書くようになって、本の読み方が変わったことを実感している。

書くことを意識し始めると、著者が使う言葉への感受性が高まる。書くというアウトプットで、読むというインプットの質が高まっていく。まさにシナジー効果だ。

よい文章を書くためには、名文を読むことはもちろんだが、「これ!」という文章に出会ったら、それを手で書き写すといい。多くの有名な著者やエッセイスト、作詞家は、修業時代に徹底的に名文を手で書き写している。


「作家になりたいなら、何をおいてもこの二つのことたるべきだ。大量に読み、大量に書くべきだ」

スティーブン・キング／アメリカの作家

私は社長を務めていた八年間、社長からの手紙として「マネジメントレター」を出し続けた。遠く離れているお店の人たちは、「社長は何を考えているのか?」「自分たちはどこに向かっているのか?」を知りたいだろうと思って書き続けた。

ザ・ボディショップの社長時代には毎週三〇〇〇文字、スターバックスのCEOになってからは月二回ほど、一八〇〇字を目標に書き続けた。

書き始めたころはとても大きな負担だったが、続けていくうちに習慣となり、楽しみとさえなった。私がスターバックスを辞めた後、数年で二〇冊近い本を出版できたのも、そのとき苦労して書いたご褒美だと思っている。

将来のリーダーとして大いに期待している人物から、誤字脱字が多い報告書、あるいは小学生が書いたような稚拙《ちせつ》な報告書が提出されると、とても残念に思う。東大を出たような人でも、敬語の使い方を一から学んだほうがいい人もいる。

逆に、古典やドラッカーの本の一節が、文章にちりばめられていたりすると、この人は勉強しているなと感じる。**知性が文章に表れるのは間違いない。「文は人なり」なのだ。**

もちろん、作家のような文章力は必要ない。ビジネス文書は、要点を簡潔に書くべきだ。書くスキルを上げるには、よい文章を真似るのが一番だ。文学では盗作になってしまうが、ビジネス文書は、どんどん盗むべきだ。**「学ぶは真似ぶ」**。

そして、最低限ビジネス文書で心がけるべきは、「結論を先に書く」こと。忙しい人に向けて発信するわけだから、必要な情報を効率的に伝えることが重要で、最初に結論ありきで書くべきだ。

また、文学作品ではないので、できるだけセンテンスは短めに、ムダな形容詞は避ける。場合によっては、要点を箇条書きにすると読みやすい。さらに、メールを出す際には、タイトルを読むだけで内容がわかるようにするのも、ビジネスの基本動作と心得たい。

「学問のある人とは、本を読んで多くのことを知っている人である。教養のある人とは、その時代に最も広がっている知識やマナーを、すっかり心得ている人である。そして有徳の人とは、自分の人生の意義を理解している人である」

レフ・ニコラエヴィチ・トルストイ／ロシアの文豪

40

やるべきことを習慣化する

思いの種をまき、行動を刈《か》り取り、
行動の種をまいて、習慣を刈り取る。
習慣の種をまき、人格を刈り取り、
人格の種をまいて、人生を刈り取る。

サミュエル・スマイルズ／イギリスの作家

5年後も部下の人

よい習慣を身につけていない。
何か始めても三日坊主で、続けることが苦手。
いつもダラダラして、不規則な生活を送っている。
暴飲暴食、遅寝遅起きなど、
身体に悪いと知りながら、悪い習慣を止められない。

5年後のリーダー

やるべきことを日々のルーティンの中に入れている。
早寝早起きなどの規則正しい生活をし、
毎日決まった時間に自己啓発の勉強をしている。
適度な運動や気分転換の散歩なども、
習慣として生活の中に取り入れている。

よい習慣の継続が豊かな人生を作る

私たちの人生の四〇％は、習慣が占めると言われている。私たちの人生は、習慣が織り成す長い旅路のようなものだ。**いかによい習慣を身につけるかで、人生の質が大きく変わってくる。**しかしながら、一旦ついた悪い習慣を改めることや、よい習慣を続けることは本当に難しい。

「私たちの生活はすべて、習慣の集まりに過ぎない」

ウィリアム・ジェームズ／アメリカの哲学者

よい習慣を続けるには、「意志の力」がとても大切だ。「悪い習慣」を断ち切ろうとしても、ちょっとした壁にぶつかって、禁酒や禁煙を破《やぶ》ってしまうことがよくある。本当に人は弱い生き物だ。

アルコール依存症の人が、せっかく禁酒を続けていたのに、何か辛いことがあって、またお酒に頼ってもとに戻ってしまうことがよくある。そうした壁を乗り切る秘訣は、同じ目的（禁酒）を持ったグループに属することだ。同じ目的を持った励まし合える仲間と一緒にいると、もとの悪い習慣に戻らなくて済む。

「よい習慣」も一人でやるのではなく、家族やチームメンバーとお互い励まし合いながら続けてみるといい。単に周りの人に宣言するだけでもいいかもしれないが、一人でやろうと思わないことだ。

つねに自分の「よい変化」を求めるなら、そうした仲間に加えて、拠《よ》りどころになる本があるとよい。人は変われると信じるなら、「変われると信じる」ことを習慣にすることで、変化は現実のものになる。それが習慣の力だ。

毎日のよい習慣の積み重ねこそ、豊かで実りある人生をもたらす秘訣だ。悪い習慣は即座にやめ、よい習慣はずっと続けていくことで、素晴らしい豊かな人生を送ることができる。

「初めは人が習慣を作り、それから習慣が人を作る」

ジョン・ドライデン／イギリスの詩人

人生において、こうした地道なよい習慣を続ける能力こそが、一番大切な能力かもしれない。**こういった能力を磨くためには、小さな成功体験を積み重ねていくことが、とても大切だ。**

「続けることは難しいが、続けたことだけが自信につながる」

小山進《こやますすむ》／パティシエ

ちょっとした習慣を継続していると、自分を信じる力（自信）が少しずつ芽生えてくる。よいことを習慣化するためには、最初は強い意志の力が必要だが、一旦習慣化すれば、自然動作になり意志の力はいらなくなる。

Chapter 5

PERSONALITY

5年後のリーダーが備えておきたい人格・品格

41

「才」と「徳」をバランスよく高める

人の上に立つ者は「才」と「徳」との
二つをあわせ持っていることが一番望ましい。
しかし、才と徳二つの兼備は難しい場合、
「才」のほうを取るのか
「徳」のほうを取るのかと、
二者択一を迫られたら、
迷うことなく「徳」のある人物を取る。

李沆《りこう》／北宋の政治家

5年後も部下の人

地位や財産が人の評価基準だと思っている。
頭のよいやつが偉いと考えている。
徳を高めて立派な人間になろうとする意識がない。

5年後のリーダー

才と徳をバランスよく高める努力をする。
とくに徳については、
意識的に人間性を高める本を読むようにしている。
自己修養を心がけている。

才だけではなく、徳を磨いて人の心を動かす

これをやったら得をするのではないか、これをやったら損するのではないかと、若いころは自分にとっての目先の損得を一番に考えてしまう。

とくに頭のよい人ほど、その傾向が強い。すぐに自分にとっての利害を考えて、うまく立ち回ろうとする。

それはそれで仕方がないことだが、そういう損得ではなくて、「徳」と「才」の両方を身につけることを一番に考えてほしい。

一般的に若いころは、スキル（才）をしっかり身につけることが大切だ。

「あいつは、いいやつだけど仕事はできない」というのは、褒め言葉ではない。やはり仕事ができるようになるためにも、スキルをしっかり身につけなければならない。

しかし、立場が上になっていけばいくほど、「スキル」よりも「徳」の部分が大切に

なってくる。

なぜかといえば、立場が上に行けば行くほど、**人を動かす必要が出てくるからだ。**

そして、人を動かすのは「スキル」ではなく「徳」だからだ。

「人間にとって最も大切な努力は、自分の行動の中に、道徳を追求していくことだ」

アルベルト・アインシュタイン

幕末のヒーロー坂本龍馬も、若いころは江戸の剣術道場で塾頭になり、剣術家として名前が知られるようになった。

その剣術を通じて、桂小五郎《かつらこごろう》（木戸孝允《きどたかよし》）などの幕末の志士たちと交わり見聞を広め、「日本国がどうあるべきか？」に関心が向かっていった。

龍馬は、いち早く海外技術を取り入れ、ピストルを持つようになった。さらに最後は、万国公法が大切だと言うようになったという。

明治維新の原動力になった龍馬の**「日本を今一度せんたく（洗濯）いたし申候」**という無私の心（徳）が、長州藩《ちょうしゅうはん》や薩摩藩を動かし、奇跡的な偉業を成し遂げた。

彼は、最初は剣術というスキルを通じて世に出て、その後は幕末の志士たちや勝海舟から刺激を受け、「日本を救いたい」という公憤《こうふん》（徳）を発達させた。その無私の心が、明治の元勲となる西郷隆盛や桂小五郎たちから信用を得ることにつながり、歴史上の人物になった。

では、どうやって徳を磨くのか?

何も世の中を変えるような大きなことを考える必要はない。人知れずよいおこないをするのだ。

落ちているゴミを拾う。水しぶきの散った洗面所をそっと綺麗にする。お年寄りに席を譲る。そうした日々のおこないから、徳を積んでいくことができる。

さらに、日々精神修養のできる本を読むことだ。

私も二〇代後半から、安岡正篤先生を通じて陽明学などの東洋思想に親しみ始め、『論語』『言志四録』『史記』など、古典と言われ、昔から読み継がれている本を読むようになった。修養のための努力を続けていくと、何百年という時代の厳しい目にさらされて生き残った古典に、自然と向かっていく。
そういった古典は、最初はとても難しい。やさしい解説本から始めてもよい。若いころからスキル系の本も読みながら、人としてどう生きていくかという修養関係の本も読む。両方をバランスよく追い求めていくことが大切だ。

「功有る者には俸祿《ほうろく》を以《もっ》て賞し、之を愛し置くものぞと……『徳懋《さか》んなるは官を懋んにし、功懋んなるは賞を懋んにする』と之れ有り、徳と官と相配し、功と賞と相對するは此《こ》の義にて候ひしや」
（功績のある人には俸給を与えて賞し、愛しおくのがよい……『徳の高い人には官位を上げ、功績の多いものには褒賞を厚くする』という。徳と官職とを適切に配し、功績と褒賞とをうまく対応させせよ）

西郷隆盛

42

礼儀作法の大切さをわきまえる

人の礼法あるは水の堤防あるが如し。
水に堤防あれば氾濫《はんらん》の害なく、
人に礼法あれば悪事生ぜず。

貝原益軒《かいばらえきけん》／儒学者

5年後も部下の人

人として基本的な礼儀作法をわきまえない。
変に人に媚びたり、狎れてしまう。
人に対して不愉快なことをしても気がつかない。

5年後のリーダー

礼儀作法をわきまえており、
どんなに親しくなっても、ある一線を越えない。
部下であっても、きちんと敬意を払っている。
小さなことによく気がつく。

相手が誰であれ、真っ先に挨拶をすること

人が社会生活をしていく中で、基本的な礼儀作法はとても重要だ。

たとえば敬語や丁寧語がきちんと使えないと、人格まで疑われてしまう。

アメリカなどは基本的にフランクな社会だが、それでも上流階級ではきちんとした敬語的な言い回しがある。また、イギリスなどはアクセントで、出身階級までわかってしまう。

食事のマナーでも育ちがわかってしまうので、気をつけるべきだ。箸《はし》を正しく持てない、食事中にテーブルの上に肘《ひじ》をつく、くちゃくちゃと音を立てて食べる……（私もいつも妻から注意されています）。

こういった基本的なマナー違反は、大人になってからだとなかなか直らない。とても怖いことだ。小さいときの躾《しつけ》は本当に大切だ。

「私たちが皆で小さい礼儀作法に気をつけたなら、この人生はもっと暮らしやすくなる」

チャールズ・チャップリン／イギリスの映画監督、喜劇俳優

礼儀作法の中でも、挨拶は基本中の基本だ。何事も挨拶から始まると言ってもいい。挨拶という言葉は「胸を開いて相手に迫る」というのが、もともとの意味だと言われている。

陽明学者の安岡正篤先生は、挨拶を次のように定義している。

「挨も拶も、直接の意味はぴったりとぶつかる、すれ合うということで、したがってものを言うのに、相手の痛いところ、痒いところへぴったりと当たる。これが挨拶」

安岡正篤

それぐらいの意識で、しっかり挨拶をしたいものだ。応対辞令《おうたいじれい》という言葉もあるが、**その場と相手に応じた適切な挨拶をしないといけない。**

「コミュニケーションは、自分を映し出す鏡だ」とよく言われる。ちょっと話をしてみたものの、あなたが「こいつ、なんだか愛想が悪いなぁ」と相手に感じたら、もしかすると、あなたも相手から同じことを思われているかもしれない。

大事なことは、まずは自分の心をオープンにすること。自分から心を開くから、相手も心を開いてくれるのだ。挨拶は真っ先にする。いつのときも自分からすべきだ。

その挨拶も、気のきいた言葉をかけないといけない。そのため普段から相手に関心を持って、ちょっとした変化を見逃さずに声をかける。

「髪型変わった？」「そのカバン素敵だね」「お子さんの病気の具合はどう？」など、普段から相手に関心を持ち、よく観察していないと気のきいた挨拶はできない。

「愛の反対は憎しみではない。無関心である」

エリ・ヴィーゼル／アメリカの作家

リーダーがふんぞり返っていたら、誰も心を開いてなどくれない。部下の気持ちや組織の空気がわからなくなってしまう。

人は、気さくな態度をしている人に近寄ってきてくれ、色々な情報を教えてくれる。

たとえば〝給湯室トーク〟などが耳に届いてくる。

私自身、経営コンサルティング会社に勤めていたとき、退職時にアシスタントの女性から、こんなことを言われた。

「岩田さんは、最も庶民的なコンサルタントでした」

要するに、気さくな普通のオジサンだったということ。

これは褒め言葉だったと、私は勝手に解釈している。

43

強運を自ら呼び込む

まったく関わりない偶然としての幸運などない。
積み重ねた努力や、
そうした自分を盛り上げてくれる人たちに、
応えようとする気力が、無意識のうちに
局面に最良の一手としての〝強運〟を
導いてくれるのではないか。

谷川浩司《たにがわこうじ》／将棋棋士

5年後も部下の人

自分はツイていないとあきらめて努力をしない。
都合のいいときだけ神頼みをする。
成功した人の努力を見ないで「運がいいだけ」と妬んでいる。

5年後のリーダー

頑張ればなんとかなると、自分の運を信じている。
自分は何か大きな力に守られていると感じている。
だから、あきらめずに努力を続けることができる。

自分を信じる気持ちが強運につながる

日露戦争の日本海海戦で、ロシアバルチック艦隊を奇跡的に撃破《げきは》した東郷平八郎《とうごうへいはちろう》元帥に、こんな逸話が残っている。

海戦中、東郷元帥が立っていた艦橋には、くっきりと靴跡が残っていたというのだ。弾丸の嵐の中、大きな水しぶきが上がっても、東郷元帥は1センチたりとも動かなかったということだ。

砲撃が激しく交わされる中で、微動だにしない。そんな大将の姿が間近にあったら、部下にとっては、どれほど心強かったか。

苦境に立たされても、部下の前では「絶対に大丈夫だ」という姿勢を見せるのがリーダーの責務だ。**だからリーダーはつねに、人に見られていることを意識すべきだ。**それこそ、トイレで用を足しているときでも、見られていることを忘れてはならない。

「リーダーの行為、態度、姿勢は、それが善であれ、悪であれ、本人一人にとどまらず、集団全体に野火のように拡散することを胸に刻むべきです。集団、それはリーダーを映す鏡なのです」

稲盛和夫《いなもりかずお》／経営者

そもそも、閑職《かんしょく》にいた東郷元帥が、なぜ連合艦隊の司令官に選ばれたか？

明治天皇に「なぜ東郷を選んだか」と聞かれた山本権兵衛《やまもとごんべえ》海軍大臣は「東郷は運がいい男ですから」と答えたと言われる。

艦橋に靴跡が残っていた。東郷元帥は、絶対に自分は弾には当たらない、という自分の運を信じていたに違いない。

じつは東郷元帥は、そういった豪傑《ごうけつ》らしい部分と、細心の部分をあわせ持っている。

敵艦が全滅したという部下からの報告があっても、自分の目で確認するまでは、決して敵艦の捜索をやめなかった。延々と捜索した後で、ようやく一言「全滅しているようですね」と、穏やかに言葉を発したと言われている。

「経営の神様」と言われる松下幸之助さんは、社員の採用面接のときに「あなたは運がいいでっか?」と聞いて「運がいい」と答えた人を採用したという。

「自分は運がいい」と思った人が、結果的に運がよくなっていく。**運をよくするために一番必要なことは、自分を信じる気持ちを持つことだ。**自分にはできる、自分にはその才能がある、自分はツイている、自分は大きな力に守られている……。

こういったことを人に公言すると、怪訝な顔をされてしまうかもしれないが、心の中ではそういった信念を持つべきだ。

自分はツイていると思っている明るい人、つねに物事に前向きな人、こういう友だちとつき合ったほうが絶対に運がよくなる。そういう人が多くいるグループに身を置いたほうがいい。

熱い情熱を持った人たちと一緒にいれば、自分にもその熱が伝わってきて「よし!」と、前向きな気持ちになってくる。こういうことは、誰しも経験したことがあるはずだ。

ただし、努力もせずに、ただ「できる」と思っただけでは、もちろんできるはずがない。地道な準備や練習は必要になるが、「自分はできる」という自分を信じる気持ちがなければ、コツコツとした努力は継続できない。

それから、何か新しいチャレンジをするときは、ほかをあきらめて、一つのことに集中すべきだ。

「あきらめる」とは「（やることを）明らかにして（ほかを）やめる」ということ。つまり、自分が「本来すべきではないことを明らかにして捨て去る」ということだ。何もかもすべてを欲張るのではなく、ある一点に集中してこそ、運もついてくる。

「運のよい人々とは、強い信念を維持し、数々の犠牲を払い、粘り強い努力を続けてきた人々である」

ジェームズ・アレン

44

経営者と平社員の一番の違いは行動力

スピードはきわめて重要だ。
競争力に欠かすことのできない要素である。
スピードがあれば、企業も、従業員も、
いつまでも若さを保てる。

ジャック・ウェルチ／アメリカの経営者

5年後も部下の人

期限内にやろうという意識が薄い。
いつもダラダラしていて、忙しくもないのに、
「忙しい忙しい」が口癖。
仕事しているふりをしている。

5年後のリーダー

時間が一番貴重な資源であることを、
腹の底から理解している。
テキパキ物事をこなし、今できることは、
すぐに片づける反射神経がある。

時間は取り返せない。即行動せよ

リーダーの仕事は人に動いてもらうことだが、人を動かす前にまず自分を動かさなければならない。率先垂範《そっせんすいはん》、「人を治める前に、まず自分を修め」ないといけない。そのためには、強い意志力が必要だ。

素晴らしいリーダーは、強い意志で素早く行動を起こす。今日できることを明日しようとは考えない。できることは今すぐにやる。

経営者とそうではない人の差を強く感じるのは行動力だ。経営者は「いい提案だな」と思ったら、次の瞬間には「明日からやろう！」と号令をかける。

これに、たいがい社員はびっくりした顔をする。みんな、きりのいい来月とか来期からやろうとしているからだ。

しかし、それがいいことなら、絶対に早くやったほうがいい。すぐできない理由がないとしたら、明日からでもやろうと思うのが経営者だ。本音は明日ではなくて、「今すぐやってくれ」という感覚なのである。

とはいえ、人間は弱い生き物だ。気力が充実しないときもある。ついつい怠惰なほうに流されてしまう。だから、そうならないように、自分でルールを決めることが必要だ。

私は子どものころから「一〇秒ルール」を持っていた。

たとえば、寒い冬の朝、なかなか布団から出られない。勉強をしなければいけないのに、なかなかテレビのスイッチを切れない……。

そういうとき、一〇秒ルールを導入していた。一〇、九、八、七、と順番に数えていき、ゼロになったら、布団を蹴飛《けと》ばして起きる。あるいは、テレビを切って、机に向かう。カウントはいくつでもいいと思う。**自分のやる気スイッチを切り替えられる方法を自分なりに作っておくといい。**

とはいえ、一〇から順番に三まで行ったら、また一〇に戻ってしまいたくなる。だが、そこはじっと我慢だ。

基本的に何でもすぐにやる、という癖をつけておくべきだ。私はメールを原則すぐに返信する。取引先や担当の編集者に「四六時中パソコンの前に座っているのではないか」と思われるほど、レスポンスが早い。

なぜなら、すぐ忘れてしまうからだ。あとで返信しようと思うと忘れてしまい、そのリカバリーに余分な時間がかかる。さっさと用件を片づける癖をつけ、仕事を溜めないようにしている。

返事に時間のかかる場合は、受け取った旨のメールだけでも返信し、相手を安心させる。メールに限らず、できるだけ仕事を自分で抱え込まないようにしている。

懸案事項が手元に来たら、返事や指示をつけてすぐに相手に投げ返す。自分が持っていたら何も動かないものでも、相手に返せば、私が別のことをしている間に、物事は進んでいく。こういった習慣が、物事のスピードを上げていくのだ。

私は経験上、時間が一番希少な資源であることを、骨身に染みて感じている。だから、ちょっとした基本動作の中に、時間を節約する意識を組み込んでいる。

たとえば、エレベーターに乗ったら、必ず行き先の階ではなく、その前に「閉」のボタンを押す。待ち合わせのときは必ず本を持参して、相手が遅れてきたら、さっと本を読むようにしている。ちょっとした時間でもムダにしたくないのだ。

「明日はなんとかなると思う馬鹿者。今日でさえ遅すぎるのだ。賢者はもう昨日済ませている」

チャールズ・クーリー／アメリカの社会学者

「明日できることは、明日やろう」という声が聞こえてくることがある。なんとなく受け入れてしまう人もいるかもしれないが、こういう感覚で経営者や大物になった人はいない。

「明日ありと 思う心の 仇桜《あだざくら》 夜半《よわ》に嵐の 吹かぬものかは」

親鸞《しんらん》／僧

できる人は、すぐにやる癖をつけている。今日でさえ遅すぎる。

45

リーダーシップを行動で示す

苦しくなったら、私の背中を見て。

澤《さわ》穂希《ほまれ》／サッカー選手

5年後も部下の人

口先だけで行動が伴わない。人に厳しく、自分に甘い。

5年後のリーダー

有言実行。誰よりも努力しているから、人がついてくる。

誰もが「人を動かせるリーダー」になれる

「リーダー」には色々な定義がある。

たとえば、ドラッカーはこのように定義している。

「リーダーに関する唯一の定義は、つき従う者がいるということである」

ピーター・ドラッカー

また、ある進学校の定義はこうだ。

「リーダーの定義は必ずしもトップに立つ人ではない。組織がどうあるかを考え組織の改善に尽くすことができる人」

私は「人に影響を与える人」という定義が一番気に入っている。

ソニー共同創業者の井深大《いぶかまさる》さんが、次の話をよく講演会でされたそうだ。

「ソニーの社長時代、最新鋭の設備を備えた厚木《あつぎ》工場ができ、世界中から大勢の見学者が来られました。

しかし、一番の問題だったのが便所の落書きです。会社の恥だからと工場長にやめさせるよう指示を出し、工場長も徹底して通知を出しました。それでも一向になくなりません。

そのうち『落書きをするな』という落書きまで出て、私もしょうがないかなとあきらめていた。

すると、しばらくして工場長から電話があった。

『落書きがなくなりました』と言うんです。

私は『どうしたんだ?』と尋ねました。

『じつは、パートで来てもらっている便所掃除のおばさんが、蒲鉾《かまぼこ》の板二、三枚に、《落書きをしないでください。ここは私の神聖な職場です》と書いて、便所に張ったんです。それでピタッとなくなりました』

この落書きの件について、私も工場長もリーダーシップを取れませんでした。パートのおばさんに負けました。

それまでは、リーダーシップとは上から下への指導力、統率力だと考えていましたが、じつはそれが誤りだとわかったんです。

以来、私はリーダーシップを『影響力』と言うようにしました」

とても深い話だ。

地位や権力ではなくて、掃除のおばさんの仕事に対する真摯な姿勢が、人々の行動に変化を起こしたのだ。**人に影響力を与えるリーダー、人を動かせるリーダーには誰もがなれるのだと教えられる。**

インターネットの発達により、簡単に情報が手に入る今の世の中では、どう話すかより、何を話すか。何を話すかより、**誰が話すか**のほうが、もっと大切になってきている。

同じ内容であっても、話す人によって受け取られ方がまるで違う。人に影響力を与えられるかどうかは、自分が「いったいどんな人」であるか、自分自身のあり方が問われるのだ。

「話すことは少なくしましょう。説教して聞かせても、それが人と触れ合う場にはなりません。箒《ほうき》を持って、誰かの家を綺麗にしてごらんなさい。それが十分に語ってくれます」

マザー・テレサ／インドの修道女

46

相手が年下でも謙虚さを忘れない

謙虚な人は誰からも好かれる。
それなのにどうして、
謙虚な人になろうとしないのだろうか。

レフ・ニコラエヴィチ・トルストイ

5年後も部下の人

謙虚に人から教えをもらおうとしない。
知ったかぶりをする。
年下や部下に対して偉そうにする。

5年後のリーダー

年下からでも積極的に教えを請う。
つねに謙虚で、相手が部下であっても、
敬意を持って接している。

窓の外を見るとき、鏡を見るとき

あるインタビューで……。

――今の若者に何かメッセージはありますか？

「私は、若者が夢や希望を失ったら、この世の中終わりだと思っています。最近の若者を見て、一番それを憂《うれ》えています。日本にとって大きなマイナスだと思います。だから若い人たちには『自分の可能性を信じてください』と言いたい。**自分の可能性や運を信じて、目の前のことに全力投球してほしいと思います。**

世の中には、たしかに運不運はありますが、長い目で見れば皆平等だと思います。だから、自分は運がいいと思ったほうが絶対に得です。同じ事象が起こっても『ツイている』と思うのか『ツイていない』と思うのかで、事実の捉え方が違う。パナソニック創業者の松下幸之助さんは、社員の採用面接のときに『あなたは運がいいでっか?』と聞いたと言います」

――どんな意味があるのでしょうか?

「私なりの解釈ですが、たとえば何か成果を上げたとき、多くの人はそれは自分の努力によるもので、『運がいい』とは言わず、『自分がやった』と言うでしょう。それを、松下さんは見極めていたのではないかと思います。**つまり『運がいい』と思っている人は、『自分も頑張ったけど、たまたま環境がよかった、仲間がよかった、色々と恵まれていた』という感謝の気持ちがある。**そこに謙虚さを感じます」

――それはリーダーにも言えることでしょうか?

『ビジョナリーカンパニー②』（日経BP社）という本の《第五水準のリーダーシップを習得する》の項には、まさしくそういうことが書いてあります。うまくいったら窓の外を見て、うまくいかなかったら鏡を見る。つまり、うまくいったら周りのおかげ、うまくいかなかったら自分の責任だと反省するわけです。

昔から東洋的なリーダー像もだいたい、このような謙虚な人です。第五水準の人は『オレがオレが』と言わないから、なかなか世の中に出てこないのです。

絶対に物事を成し遂げるのだという強い意志を持ち、ミッションを大事にし、人を育てることのできる人。成功しても『みんなのおかげだ』と言えるような謙虚さを持った人。それが、一番立派なリーダーだと思います」

——ご自身は、自分をまだまだと思われますか？

「もちろんです。黒澤明《くろさわあきら》監督が、アカデミー賞か何かの授賞式のインタビューで『今までの作品で一番の傑作は？』と聞かれたときに『ネクスト』と答えたそうです。素敵だと思います。『世界のクロサワ』とまで言われても、まだまだという気持ちがあるから『ネクスト』と言うわけですよね。

私も今は『元スターバックスの社長』という肩書きがついてきますが、それはあくまでも過去の話。できれば『リーダーシップ教育の岩田』などと呼ばれたいですね。

もちろん、今でもスターバックスの店舗のパートナーの皆さんは大好きです。本当に素晴らしい会社だと思いますし、短い期間でもCEOをできたことは本当に幸運だったと思います。ただ、今の私のミッションは、リーダーを育てることなので、『リーダーシップ教育の岩田』と言われるように頑張っていきたいです」

「もしも私たちが謙虚ならば、ほめられようと、けなされようと、私たちは気にしません。もし誰かが非難しても、がっかりすることはありません。反対に、誰かがほめてくれたにしても、それで自分が偉くなったと思うこともありません」

マザー・テレサ

47

自分の弱みを自覚し、周りにもさらけ出せる

人は、欠点をそのままでは直せない。
それには、まずその欠点を快く認めることが必要である。

アンドレ・ジッド

5年後も部下の人

何が自分の強み、弱みなのか認識していない。
苦手なことは、開き直って克服しようと努力しない。
よくわからないことでも、知ったふりをする。

5年後のリーダー

自分の強みと弱みをきちんと認識している。
強みはさらに伸ばし、弱みは克服しようと努力する。
弱みは謙虚に人に補ってもらったり、助けてもらう。

リーダーとて助けられる存在であっていい

私が、ある経営を任された会社で、まだ特別顧問という肩書きだったときに、その会社の会議に出たことがあった。もちろん、その業界のことは色々と勉強していたが、商品の知識など、専門的なことは知らない情報が多くあった。

会議で議論を聞いていても、専門用語など理解できないことが多くあった。早く業界の知識を学びたいと思い、「ちょっと初歩的な質問で申し訳ないですが……」と訊ねていた。

ところが、会議が終わった後、前任の社長にこう言われた。

「岩田さん、あんなことを質問しないほうがいいよ。恥をかくから」

ある意味、それは正しいことかもしれないが、私はとても違和感を覚えた。その社長からすると、皆にバカにされるということなのだろう。

コンサルタントをやっているときにも、イギリス人の上司にこう言われた。

「お前はもっとコンサルティングガードを持たなければダメだ」

つまり、知らなくても知っているふりをしろということだった。

コンサルタントは、その知識と経験でお金をもらっているわけだから、もちろん上司の言っていることも理解できる。でも、わからないところは、クライアントと一緒に学べばよいのではないかと私は感じていた。だから、私にはコンサルタントは向いていないと思い、二年で卒業した。


「コンサルタントとしての私の最大の長所は無知になり、いくつかの質問をすることである」

ピーター・ドラッカー

「知ったふり」は、ときには必要かもしれないが、謙虚に「自分は知らない、わからない」と認めたほうが、絶対に成長の原動力になると思う。

自分が成長したいと思うなら「自分は不勉強でよくわからないので、教えていただけないですか？」と言える謙虚さと勇気を持つべきだ。とくに若いときの虚勢は、百害あって一利なしと考えるべきだ。

リーダーであっても、何でもできる万能のスーパーマンである必要はない。むしろ、ときには弱さもさらけ出して、皆に助けられるリーダーであってもよいのではないかと思う。

人間、誰しも弱点や欠点はある。ただ、それを自覚している人と、していない人がいる。

もちろん、自分の弱みはきちんと理解したほうがよい。意外と多いのが、自分の強みを過信しているために、その強みが弱みになっていることだ。

物事に慎重であるという強みは、優柔不断に見えるかもしれない。リーダーシップがあるのが強みだと思っていたのが、人からは強引と思われているかもしれない。

また、自分の弱みをさらけ出せる人と、覆《おお》い隠してしまう人がいる。

自覚できていない人は論外だが、普通は、自覚するがゆえに、どうしても覆い隠したがる。他人に、自分の弱点や欠点など知られたくないと思うのは人情だ。しかし、知ったふりをして、よくわからないのに何か重大な意思決定をしてしまったら、組織にとって大きなマイナスだ。

自分に欠けているものを自覚することは、成長するための原動力になる。そして、あえて人前でさらけ出すことで、改めて自覚できる。色々アドバイスをもらえるかもしれないし、カバーをしてもらえるかもしれない。

「誰かに助けられなければ生きられないことを認めるしかない」

中村ふみ／作家

知らないことは、謙虚に「知らない」と、はっきり言えるか。
素直に教えを請う姿勢を見せることができるか。
これが、人としての成長の鍵を握っている。

48

人としての生き方を修養する

誠実でなければ、
人を動かすことはできない。
人を感動させるには、
自分が心の底から感動しなければならない。
自分が涙を流さなければ、
人の涙を誘うことはできない。
自分が信じなければ、
人を信じさせることはできない。

ウィンストン・チャーチル

5年後も部下の人

自分ができることもしないで、環境や人のせいにする。
生まれつき才能がないと努力をせずあきらめている。
真摯さがない。

5年後のリーダー

自分はまだまだだと謙虚な気持ちを持って、
人一倍努力をする。
生きているだけで丸儲けだと考えている。
よき人になろうと修養している。

「人としてどう誠実に生きるか」を問い続ける

イギリスの高名な経済学者ジョン・メイナード・ケインズの言葉に「It is much more important how to be good than how to do good.」がある。

安岡正篤先生の著書で紹介されていた言葉だが、この言葉の意味を理解するのに私は一〇年かかった。「よい行ない」をする「to do good」で十分ではないかと思っていたからだ。

「to do good」より「to be good」であれ。つまり、よきことをする前に、よき人間であれ。人としての存在そのものがgoodであることを目指せ。

「心の欲する所に従えども矩《のり》を踰《こ》えず（自分の心の思うままに行動しても、決して道徳から外れない）」という『論語』の言葉を思い出し、ようやく理解できた。

意識しようがしまいが、自然と「よい行ない」をしている状態を目指すことだ。「to

be good」とは、結局「徳を積む」ことだと思う。

アメリカのビジネススクールでは、合理精神にもとづいた「to do good」は教えるが、「to be good」については、「Business Ethics」(ビジネス倫理学)などで少し教えるだけだ。戦後の日本の教育も、知識やスキルばかり教えている。

かつて、大企業の不正会計事件として、アメリカを騒然とさせた「エンロン事件」。その首謀者が、ハーバードビジネススクール出身で、かつ世界一のコンサルティング会社マッキンゼー出身の超エリートだったのは、なんとも皮肉な話だ。

「よき人間」であるための「解」は、やはり、数字による解析や評価だけでは見えてこない。ビジネススクールで教える損得勘定だけでは、「to be good」にたどりつくことはできないのだ。

では「よき人間」になるためには、どうすればいいのか?

まず、身近な「よき人間」をお手本にするのがよい。「学ぶ」は「まねぶ」とも言い、「まねる(真似る)」と同じ語源とされている。よき人を真似て、自分を振り返る。その学びの繰り返しによって、人は磨かれていく。

昔、学問というのは、道徳的なことを学び、人間修養をすることだった。いわゆる

「読み、書き、算盤《そろばん》」は、寺子屋で幼いころに済ませておくべきことだった。大人が通う塾では、人としてどう生きていくかという修養の学問が中心だった。

それがいつの間にか「学問」が、スキルを身につける「お勉強」になってしまった。人にとって最も大切なことは「徳を積み、人としてどう誠実に生きていくか」ということだ。

今は、インターネットで検索すれば、いくらでも簡単に情報は手に入る。知識や情報を持っていること自体は、昔と違って、それほど大きな価値を持っている時代ではなくなった。

それよりも問われるのは「人としてどう生きるか」「人としてどうあるか」だ。つまり「to be good」を目指して修養していくことが、今も昔もとても大切なことなのだ。

「徳を積む」とはとても難しいことのように見えるが、たとえば、落ちているゴミを拾う、玄関の靴をそろえる、店員さんに「ありがとう」と言う……。それ自体は、きわめて簡単な行動だが、実行し続けることは、とても難しい。

生活態度も、特別なことは何もいらない。早寝早起き、適度な食事と運動などのよい習慣を身につけることで、生活リズムを整えることから始めればいい。

もちろん、学校で教わる知識やスキルも多く学んでいけばいい。しかし、もっと根源的な、人としてどう生きていくべきかを学ぶことが、本当の学問であり修養であることを忘れてはならない。

「決心によって正しくあるのではなく、習慣によって正しくなり、単に正しいことができるのみではなく、正しいことでなくてはやれないようにならねばならない」

ウィリアム・ワーズワース／イギリスの詩人

49

責任や使命から逃げない

私の成功や失敗に、
最終的に責任を持つのは私だ。

ルパート・マードック／アメリカの経営者

5年後も部下の人

できるだけイヤな仕事、面倒な仕事はやらず、責任を回避しようとする。

自分の非を認めず、他人に責任をなすりつけようとする。

つねに言い訳を考えている。

5年後のリーダー

自分の発言や行動に責任を持つ。

自分がチームのリーダーであれば、メンバーのいかなるミスも、対外的には自分のミスだとして、メンバーをかばう。

「リーダーシップとは責任である」と自覚している。

自分の地位や権力に「畏れ」を持つこと

これからリーダーとして、階段を駆け上がっていく人が忘れてはならないこと、それは「使命感」と「責任感」だ。リーダーとして職階が上がっていけばいくほど、それに応じた権限は大きくなっていく。**胸に刻み込んでおかなくてはいけないのは、権限・権力を持つほどに、責任が大きくなるということだ。**

どうしても、人はその地位に伴う権力や権限のほうに目がいってしまう。たとえば「より大きなお金を動かせる」「部下が増えた」「秘書がついた」「接待交際費が使えるようになった」などと。

「Remember, with great power comes great responsibility.」
（覚えておけ。大いなるパワーには、大いなる責任が伴うことを）

映画『スパイダーマン』の主人公ピーターに向けて、最愛の育てのおじさんが残した言葉だ。

この言葉のもとをたどれば、貴族制度や階級社会が残るイギリスなどで浸透している「ノブレス・オブリージュ」という考え方に行きつく。

「高貴なる地位には高貴なる責任が伴う」という、選ばれたエリートたちに根づいている「行動規範」と言うべきものだ。

地位が高く**権力を持っている者ほど、より大きな使命感と責任感を持ち、人としての「徳」を積んでいかなくてはいけない**ということだ。自分が持ち得たパワー（権力）に対して「畏れ」を持つことが必要なのだ。

リーダーは、自分が率いる組織全体の責任を、つねに一手に引き受ける覚悟を持たなければならない。

「リーダーシップとは責任である」

経営者や高級官僚の中で、組織に不祥事が起きても、部下のせいにして、責任を取ろうとしないリーダーがいかに多いことか。

「知らなかった」「聞いていなかった」「秘書が勝手にした」などと言い逃れしているのは、まさしく恥の上塗りにすぎない。

エリートの定義は、「とくに引き受ける義務はないのに、自ら進んで責任を引き受ける人のこと」だ。

日本のいわゆるエリートたちは、この言葉をもう一度しっかり噛《か》み締めてほしい。

「持つ者は、持たざる者へ与える義務がある」

白洲次郎《しらすじろう》／実業家

主要参考文献

ピーター・Ｆ・ドラッカー著、上田惇生訳『マネジメント（エッセンシャル版）』（ダイヤモンド社）／渋沢栄一著、守屋淳訳『現代語訳 論語と算盤』（ちくま新書）／桑原晃弥著『スティーブ・ジョブズ 神の遺言』（経済界新書）／ビジネス哲学研究会編著『決断力と先見力を高める 心に響く名経営者の言葉』（ＰＨＰ文庫）／羽生善治著『決断力』（角川ｏｎｅテーマ21）／大下英治著『孫正義秘録』（イースト新書）／岡田安人著『佐々淳行の警告 危機管理』（ゴマブックス）／「座右の銘」研究会編『座右の銘―意義ある人生のために』（里文出版）／野村克也著『負けかたの極意』（講談社）／森博嗣著『常識にとらわれない１００の講義』（だいわ文庫）／ゲーテ著、高橋健二編訳『ゲーテ格言集』（新潮文庫）／ドロシー・カーネギー編、神島康訳『新装版 カーネギー名言集』（創元社）／国際文化研究室編『Steve Jobs SPEECHES 人生を変えるスティーブ・ジョブズ スピーチ』（ゴマブックス）／岬龍一郎編著『「仕事」論』（ＰＨＰ研究所）／ピーター・Ｆ・ドラッカー著『プロフェッショナルの条件』（ダイヤモンド社）／齋藤孝著『ストレス知らずの対話術』（ＰＨＰ新書）／ウィリアム・イースタリー著、小浜裕久、織井啓介、冨田陽子訳『傲慢な援助』（東洋経済新報社）／洪自誠著、今井宇三郎訳注『菜根譚』（岩波文庫）／日本歴史遺産研究会編『徳川家康公遺訓』（ゴマブックス）／武田鏡村著『［図解］安岡正篤の人間学』（PHP研究所）／ビジネス哲学研究会編著『［決定版］心に響く名経営者の言葉』（PHP研究所）／エッカーマン著、山下肇訳『ゲーテとの対話（上）』（岩波文庫）／中西輝政監訳『チャーチル名言録』（扶桑社）／佐藤一斎著、川上正光全訳注『言志四録（一）言志録』（講談社学術文庫）／永井均著『これがニーチェだ』（講談社現代新書）／城山三郎著『人生の流儀』（PHP文庫）／ウィリアム・A・ヴァンス、神田房枝著『答え方が人生を変える』（CCCメディアハウス）／森千里著『鷗外と脚気』（NTT出版）／村上春樹著『ノルウェイの森（下）』（講談社文庫）／高橋敏夫著『井上ひさし 希望としての笑い』（角川SSC新書）／木村幸比古著『龍馬語録』（PHP研究所）／ヘルマン・ヘッセ著、白取春彦訳『超訳 ヘッセの言葉』（ディスカヴァー・トゥエンティワン）／矢部正秋著『ユダヤ式交渉術』（PHP文庫）／PHP研究所編『松下幸之助 日々のことば』（PHP研究所）／ナポレオン・ヒル著、田中孝顕訳『成功哲学』（きこ書房）／入澤宣幸著『写真と絵でわかる日本史人物ナンバー2列伝』（西東社）／佐高信著『新装版 逆命利君』（講談社文庫）／佐藤富雄著『マーフィ

ー 成功者のルール 完全版』（ゴマブックス）／ジェームズ・アレン著、葉月イオ訳『「思い」が現実をつくる』（ゴマブックス）／畠山雄二著『英文徹底解読 スティーブ・ジョブズのスタンフォード大学卒業式講演』（ベレ出版）／山崎豊子著『沈まぬ太陽（二）アフリカ篇［下］』（新潮文庫）／スティーブ・シーボルド著、弓場隆訳『一流の人に学ぶ 自分の磨き方』（かんき出版）／植西聰著『マーフィー 奇跡を起こす魔法の言葉』（ＰＨＰ文庫）／フリードリヒ・ニーチェ著、白取春彦監訳『超訳 ニーチェの言葉』（ディスカヴァー・トゥエンティワン）／ピーター・Ｆ・ドラッカー著、上田惇生訳『ドラッカー名著集1 経営者の条件』（ダイヤモンド社）／桑原晃弥著『スティーブ・ジョブズ名語録』（ＰＨＰ文庫）／アンドレ・ジッド著、今日出海訳『地の糧』（新潮文庫）／西郷隆盛著、山田済斎編『西郷南洲遺訓』（岩波文庫）／安岡正篤著『活学としての東洋思想』（ＰＨＰ文庫）／川北義則著『人を惹きつける 大人のものの言い方・話し方』（ＰＨＰ文庫）／谷川浩司著『集中力』（角川ｏｎｅテーマ21）／稲盛和夫著『［新装版］成功への情熱』（ＰＨＰ研究所）／本田季伸著『賢人たちに学ぶ 道をひらく言葉』（かんき出版）／杉山浩一著『最新 リーダーシップの基本と実践がよーくわかる本』（秀和システム）／中村ふみ著『裏閻魔』（枻《えい》出版社）

＊このほか、名言については各種の名言集、洋書、ネット上の記事なども参考に致しました。

岩田松雄（いわた・まつお）

株式会社リーダーシップコンサルティング代表。

立教大学ビジネスデザイン科教授・早稲田大学非常勤講師。元スターバックスコーヒージャパン代表取締役最高経営責任者。

1982年、日産自動車入社。製造現場から財務に至るまで幅広く経験。外資系コンサルティング会社、日本コカ・コーラを経て、2000年（株）アトラスの代表取締役に就任。3期連続赤字企業を見事に再生。2005年には「ザ・ボディショップ」を運営する（株）イオンフォレストの代表取締役社長に就任。店舗数を107店舗から175店舗に拡大しながら、売り上げを約2倍にする。

2009年、スターバックスコーヒージャパン（株）のCEOに就任。「100年後も輝くブランド」に向けて、安定成長へ方向修正し、業績を向上。日本に数少ない〝専門経営者〟として確固たる実績を上げてきた。

2010年、UCLAより“Alumni 100 Points of Impact”に選出される（1992年卒業生では唯一人）。2013年にリーダー育成のための（株）リーダーシップコンサルティング設立。

主な著書に『「ついていきたい」と思われるリーダーになる51の考え方』『「君に任せたい」と言われる部下になる51の考え方』（以上、サンマーク出版）、『ミッション 元スターバックスCEOが教える働く理由』（アスコム）など多数。

HP、Facebook、Twitter、ブログでも発信を続けている。

岩田松雄リーダーシップスクール https://iwata.school/

君《きみ》を成功《せいこう》に導《みちび》く49の言葉《ことば》
5年後《ねんご》リーダーになる人《ひと》 5年後《ねんご》も部下《ぶか》のままの人《ひと》

2017年9月5日 第1刷発行

著者 ―――― 岩田松雄《いわたまつお》
発行者 ―――― 佐藤 靖
発行所 ―――― 大和《だいわ》書房
東京都文京区関口1-33-4
電話 03-3203-4511

カバーデザイン ―― krran（坂川朱音・西垂水敦）
本文デザイン・DTP ― 朝日メディアインターナショナル株式会社
写真 ―――― 株式会社アマナ
本文印刷 ―――― シナノ
カバー印刷 ―――― 歩プロセス
製本所 ―――― ナショナル製本

©2017 Matsuo Iwata Printed in Japan

ISBN978-4-479-79606-0

乱丁・落丁本はお取り替えします

http://www.daiwashobo.co.jp